NAPOLÉON

GEORGES MONTORGUEIL

AVANT-PROPOS

NAPOLÉON ! BONAPARTE. Pourquoi distinguer entre ces noms ? Le vainqueur de Lodi n'est-ce pas le vainqueur d'Austerlitz ? Qu'est-ce qui sépare le soldat de la République du conquérant couronné ?

Un trône.

C'est ainsi que nous avons, dans l'album précédent, arrêté l'histoire de Bonaparte à la cérémonie du couronnement.

Bonaparte, le consul aux cheveux plats, le maigre et nerveux soldat d'Italie au jeune front auréolé de victoires, avait a ce moment accompli sa providentielle mission. Dans une France divisée, il avait restauré la paix et l'ordre. Il avait rendu au pays l'équilibre, que la Révolution, dont son enthousiasme ambitieux adoptait alors les principes, avait dû rompre.

La France, écrit judicieusement M. Louis Madelin, a été arrachée par lui à l'anarchie ; elle se dissolvait quand il l'a saisie de sa main ferme et l'a reconstruite. Avant deux ans, il avait fait ce miracle. Imposant son arbitrage aux querelles, il avait étouffé les factions et tourné vers les fins utiles la magnifique énergie qui, s'étant manifestée de 1789 à 1802, se dévoyait et se paralysait depuis 1795. Il a recherché dans les ruines les fondations de l'État : fils de la Révolution, il a voulu connaître cependant les traditions. Il les a retrouvées toutes latines. Elles cadraient avec son cerveau latin. Il a repris l'ouvrage magnifique des rois et l'a consolidé.

Le trône qui sépare Napoléon de Bonaparte fait-il donc deux hommes d'un seul homme ? Non. Vous allez voir qu'une inflexible logique maintient l'unité de cette vie fabuleuse. Sous la couronne, et jusque dans sa tyrannie martiale, et alors même qu'il aspire à descendre en voulant s'égaler aux dynasties traditionnelles, il reste l'apôtre armé de la foi nouvelle.

Vous assisterez à l'œuvre guerrière de l'incomparable soldat, à qui, jusqu'à Tilsitt, pourraient s'appliquer ces paroles de Montesquieu parlant d'Alexandre : La marche du vainqueur était si rapide que l'ennemi semblait plutôt le prix de la course que celui de la victoire.

Il y a témérité à vouloir décrire le secret d'un tel génie militaire. C'est un privilège qui n'appartient qu'à ses émules. Ah ! disait le lion, si les lions savaient peindre. Ils savent peindre, puisque le héros de la Xe armée, le général Mangin, a dessiné les traits essentiels du modèle qu'il s'est choisi : Le don du commandement et le prestige de l'intelligence la plus étendue et la plus rapide, joints au caractère le plus ferme, les qualités de l'une et de l'autre se complétant dans un équilibre parfait : avant tout, le coup d'œil qui discerne le point capital, la volonté qui s'attache au problème jusqu'à ce que la solution apparaisse avec toutes ses conséquences dès longtemps prévues, la maîtrise de soi qui subordonne toutes les forces à la raison souveraine.

Du soleil d'Austerlitz à l'astre déclinant dont les derniers feux dans la campagne de France, ne seront pas les moins beaux, que de batailles dont vous lirez les très sommaires récits ; mais surtout vous les verrez évoquées magnifiquement en des compositions qui enchanteront vos yeux et captiveront votre pensée. Au centre de ces combats, où

Quinze ans il fut
Le dieu que traînait la victoire
Sur un affût,

Napoléon n'a-t-il cherché que l'ivresse des triomphes personnels, oublieux, pour la sienne, de la gloire de son pays ? Il serait injuste de l'écrire et ce serait ingrat. Emporté par son génie trop haut et trop loin, il eut ses heures de vertige. Mais une sorte de fatalité ne l'y poussait-elle pas ? A l'apogée de sa puissance, ne trouvait-il pas plus de difficulté à traiter qu'à vaincre ? Non, la fureur guerrière ne l'animait pas ; sans cesse, on le surprend, prêt à mettre au fourreau sa prodigieuse épée et à consacrer ses conquêtes à affermir son empire, étendu sans mesure, et à en imposer la suprématie. Il voudrait se reposer, enfin, dans ces labeurs de la reconstitution, où il excellait avec autant de supériorité que dans ceux de la guerre. Des œuvres de son génie, la plus durable, n'est-ce pas l'organisation qu'il nous a léguée, et dont rien n'a pu faire fléchir, après plus d'un siècle, l'étreinte unitaire, centraliste et rigide ? Mais il avait déchaîné trop de peuples. Cette paix et cette suprématie, écrit M. Albert Sorel, l'Angleterre ne les voulait à aucun prix ; c'est pour s'y opposer qu'elle a combattu jusqu'en 1815, et c'est pour les imposer à l'Angleterre que Napoléon a combattu jusqu'à Waterloo. Marche ! lui criait la voix implacable qui le voulait à sa merci, épuisé, las et succombant. Cette voix, il l'identifiait, imprudemment, avec celle qui, en lui-même, le poussait à oublier que le levain des revanches nourrit, lent ou soudain, toujours sûr, les espoirs des peuples subjugués.

Il est permis à notre jugement de participer de la sérénité que donne le recul du temps. Il y a cent ans que le plus illustre des conducteurs d'hommes, sur ce rocher perdu dans l'Océan Atlantique dont la terre ne peut plus détacher ses regards, s'est endormi. Sa gloire épurée ne fait que grandir. Ses adversaires se sont, devant elle, pieusement inclinés. Au centenaire de sa mort, à Sainte-Hélène, cent-un coups de canon tirés par les Anglais ont salué la mémoire du captif à qui Hudson Lowe refusait de donner son titre impérial. Quelle portée a la courtoisie de ce geste chevaleresque, et quel retour !

On vous dira encore : Napoléon a laissé la France géographiquement plus petite qu'il ne l'avait reçue ; c'est vrai, mais ne l'a-t-il pas agrandie par le rayonnement de sa légende ? Calculez de combien, sans ce manteau de gloire, la France serait dans le monde, diminuée en beauté et en prestige !

Elle a connu, depuis lui, sur la Marne ou à Verdun, d'autres victoires, et dignes d'une illustration immortelle ; mais les généraux qui les ont gagnées nous ont dit : Celui-là était notre maître, nous avons été nourris du suc de sa pensée, de la moelle de son génie. La flamme de son cœur, à l'heure élue, brûlait dans nos cœurs...

Et ainsi, le passé napoléonien se rattache au présent et proclame l'unité indivisible de l'âme française.

Vous contemplerez, dans cet esprit, la belle histoire imagée de Napoléon. Et vous méditerez, génération qui êtes l'avenir, sur cette forte pensée du plus illustre des chefs à qui nous devons nos dernières victoires : La guerre n'est pas le but suprême, a dit le maréchal Foch, car au-dessus d'elle, il y a la paix. Quelle profonde parole sur les lèvres d'un soldat !

Napoléon ne l'eût point contredite, ses méditations de Sainte-Hélène en témoignent. Moins victime de sa propre erreur que du préjugé de la force prise pour arbitre du droit, cette paix, il la chercha dans la fortune des batailles. Et la plus formidable de ses désillusions, fut d'avoir été précipité de si haut sans avoir pu la conquérir.

NAPOLÉON

Au lendemain de la cérémonie du sacre, — 2 décembre 1804, — qui L achève le cycle de Bonaparte et ouvre celui de Napoléon, nous sommes arrivés au tournant du règne. La République remet ses destinées entre les mains du soldat qui a commencé par la défendre contre la violence devenue anarchique, d'où elle était issue et contre le regret attardé du vieil ordre français qu'elle avait aboli. Le fer dont la patrie en danger, en 1792, avait armé ses fils, reçoit désormais, avec l'N couronné, le chiffre du maître, et ne sera plus tiré que pour lui, qui, devant les drapeaux magnifiquement conquis, inclinés sur son passage, va où la fatalité l'entraîne : vers la dernière de ces étapes géantes, sur le rocher battu des tempêtes, qui sera son calvaire et son tombeau, et l'assise la plus haute du piédestal sur lequel sa gloire immortelle est dressée.

Napoléon a presque atteint déjà le faîte de sa puissance, et, pour l'affermir, la paix lui est indispensable. Mais l'Europe, que ce soldat de la Révolution, drapé dans la pourpre césarienne, a alarmée, ne lui donnera la paix que s'il la lui impose. Il ne croit pas s'humilier en la proposant à son irréductible ennemie : Mon premier sentiment, écrit-il au roi d'Angleterre, est un vœu de paix. Je n'attache pas de déshonneur à faire le premier pas. Je conjure Votre Majesté de ne pas se refuser au bonheur de donner la paix au monde. Il n'éprouve qu'un refus, car la trame est ourdie qu'il va être contraint de rompre par le fer.

Napoléon, qui est l'homme des résolutions claires et vigoureuses, prend l'offensive. Il veut aller attaquer l'Angleterre chez elle qui se croit inexpugnable, et la frapper au cœur. Il a réuni une flotte à Boulogne et cent mille guerriers. Préparatifs gigantesques, mais vains. La tentative navale a échoué. Sa flotte, en fuite, est bloquée dans le port de Cadix, et n'en sortira que pour se faire détruire à Trafalgar.

Il en a un désespoir profond, mais bref. Il se retourne, tout d'un bloc Changeant de tactique, il porte sur la terre ferme l'action qu'il abandonne sur les flots. Et, d'un seul jet, il dicte le plan de l'admirable campagne de 1805. C'est au quartier du Pont-de-Briques, le 13 août. Daru tient la plume. Napoléon prévoit tout : l'ordre des marches, leur durée, les lieux de réunion des colonnes, les surprises, les attaques des villes fortes, les fautes de l'adversaire, et cela à deux mois et à deux cents lieues de distance. Sa vue embrasse tous les champs de bataille futurs, fixe les victoires, marque l'heure où ses armées entreront à Berlin et à Vienne.

On a pu croire, trompé par les apparences, que c'était là le fruit de l'improvisation : le plus heureux génie n'a pas de ces éclairs. Une méditation prolongée et secrète avait mûri dans le cerveau d'où semblait jaillir, au jour voulu, sous le choc brutal des événements, ce plan formidable et prophétique.

Le 1er octobre 1805, l'empereur a passé le Rhin.

Napoléon tenait que la force principale des armées était dans un sentiment nouveau, né depuis la Révolution, et qu'elles se battaient pour un idéal. Elles avaient pris, devant la nation, une haute conscience de leur devoir. Mais elles s'en remettaient pour l'accomplir à un chef prestigieux. C'est qu'elles avaient foi, non seulement en son génie, mais aussi en sa conscience. Dominées, fascinées, subjuguées, elles l'estimaient au-dessus de tous les autres, et elles ne le supposaient élevé si haut que par ses vertus.

Dans ses proclamations et ses bulletins, Napoléon entretenait ce sentiment chez ses soldats. Il leur parlait, non comme à des subalternes, mais comme à des amis. Il éclairait leur marche à la lumière de ses exposés. Dans les coins d'ombre de ces milliers de cerveaux, sa pensée fulgurante projetait des lueurs. Ses phrases concises, nerveuses, ramassées sonnaient la charge. Ses proclamations étaient lues, devant chaque régiment assemblé, formé en cercle. Les combattants étaient ainsi instruits de l'immensité des batailles, préparés aux fatigues qu'elles leur demanderaient, éclairés sur les mobiles qui les arrachaient à une paix dont les plus glorieux des lauriers ne balancent jamais la douceur.

Et la voix du chef, impérative et caressante, possédait l'art de ces mots, dont l'âme française se laissa toujours enivrer. La puissante action de l'Empereur sur ses soldats était dans ce contact perpétuel. Il ne faisait qu'un avec eux ; sa vie et la leur semblaient s'identifier. Redoutable et familier, il était à la fois le camarade et le dieu.

C'est que la réalisation de ses plans géants comportait la nécessité d'une exécution infaillible. Pour l'obtenir il ne livrait rien au hasard : moral du soldat, préparation, entretien des effectifs, approvisionnements équipement, toutes choses jusque dans le détail vues de haut et d'ensemble.

Et alors il partait. L'entrée en campagne sur le Rhin débute par ces mots qui associent la nation et l'armée dans la tâche qui se déroule au front :

Soldats, votre empereur est au milieu de vous. Vous n'êtes que l'avant-garde d'un grand peuple. S'il est nécessaire, il se lèvera tout entier à ma voix pour confondre et dissoudre cette nouvelle ligue.

On l'a accusé d'insensibilité : au vrai, il était économe du sang dont il semblait prodigue ; il en savait le prix. Bossuet aurait pu dire de lui ce qu'il disait du prince de Condé : On croit qu'il expose ses troupes, il les ménage en abrégeant le temps des pertes par la vigueur des attaques. Conçoit-on la guerre sans la cruauté des sacrifices ? Mais c'est d'un chef qui veut être suivi de ses soldats de n'en jamais exiger que des sacrifices nécessaires.

Un homme qui n'a pas de considération pour les besoins des soldats, disait-il, ne devrait jamais les commander.

Après l'action, dont sa présence est toujours le foyer, il s'attarde au milieu de ses troupes ; il parcourt la terre ravagée ; il s'approche des blessés, il leur apporte sa parole qui leur est un cordial.

A Elchingen, — une des plus belles phases de la campagne d'Austerlitz, où Ney avait enlevé la position des Autrichiens, dans les conditions les plus difficiles, et avec un bonheur digne de son talent, — l'Empereur, satisfait du magnifique résultat d'un tel effort, vient, selon sa coutume, visiter le champ de bataille. Il reconnait un grenadier de l'armée d'Egypte, couché sur le dos, le visage exposé à la pluie qui tombe à torrents. Dans son exaltation, le vieux brave continue à crier à ses camarades : En avant ! Napoléon s'arrête, se dépouille de son manteau, le lui jette, en lui disant : Rapporte-le moi, et je te donnerai en échange la croix et la pension que tu mérites.

Non, ces mots, ces traits, ne sont pas des légendes. Ils nous ont été rapportés par des témoins ; ils foisonnent dans l'épopée. On ne mesure bien que dans ces raccourcis épisodiques les qualités portées à un degré inimaginable et inégalé du plus prodigieux des entraîneurs d'hommes.

Et comme il s'expose ! Sa foi en son étoile, sa conviction qu'il est l'élu du destin, lui forge contre le danger cette cuirasse d'impassibilité qui est pour son entourage une source continuelle d'inquiétudes. Et ce n'est point témérité ou présomption, mais soumission à sa chance.

Puis il est l'exemple.

A Ulm, il est en plein danger, au milieu des balles et de la mitraille. Murat et Berthier, qui ont presque osé saisir la bride de son cheval, le supplient de s'éloigner : Sire, ce n'est pas la place de Votre Majesté ! — Ma place est partout, répond-il. Laissez-moi tranquille, Murat, allez faire votre devoir. Dans le gain foudroyant des batailles, pour combien entrait-il de cette sérénité ?

Ulm, où cette scène s'est déroulée, sera un grand jour. Le général autrichien, qui avait Napoléon devant lui lorsqu'il croyait l'avoir distancé, s'était jeté dans cette ville avec son armée, s'y était laissé bloquer. Les Russes, sur lesquels il comptait, et dont ces retards étaient assez dans les habitudes, ne se montraient toujours pas. Perdant tout espoir d'être secouru et renonçant à toute possibilité de se défendre, le général autrichien capitulait.

La première armée des coalisés n'existait plus...

Quand les troupes prisonnières défilèrent, six généraux, dont le général en chef, étaient à leur tête. Napoléon, trempé, couvert de boue, en redingote grise, avec son mauvais chapeau, était à pied, son cheval blanc derrière lui. Un officier autrichien s'étant étonné de voir le vainqueur en si pitoyable équipage, l'Empereur, à qui un aide-de-camp rapporta ces propos, lui fit dire : Votre maître a voulu me faire ressouvenir que j'étais un soldat : j'espère qu'il conviendra que la pourpre impériale ne m'a pas fait oublier mon premier métier !

Napoléon avait résolu de finir la campagne par un coup d'éclat et de noyer la ligue européenne dans un irréparable désastre. Il fallait s'y préparer. Il arrêta l'élan de son armée et installa son quartier général en face du village d'Austerlitz. Une des caractéristiques du génie de Napoléon était de pénétrer le tempérament de l'adversaire et d'en jouer comme d'un instrument qui eut été soumis à sa maîtrise. Il devinait, grâce à son don d'observer, ce que l'adversaire accomplirait dans des circonstances données, et alors il créait ces circonstances.

Il est persuadé à Austerlitz que le jeune tzar de Russie, dont il a sondé la présomption, se croirait vainqueur de l'armée française si elle esquissait un simulacre de retraite ; il ne s'est pas trompé. Il l'induit en une manœuvre imprudente, et l'amène, le 1er décembre 1805 là où il le veut. Les Russes tombant dans le piège qu'il leur a tendu, exécutent le mouvement fatal dont leur perte va dépendre.

Toute cette journée, l'Empereur la passe à cheval, visitant son armée régiment par régiment, les postes, les batteries, les ambulances. Satisfait, il revient à son bivouac se couche sur une botte de paille, dans une baraque que ses soldat ont improvisée. Il dort quelques heures et s'éveille, pour aller, de ses propres yeux, constater le mouvement des Russes. Quand il rentre au bivouac, pour guider sa marche, dans la nuit, un capitaine de grenadiers allume une torche, imité par des centaines d'autres. Bientôt tout le camp est embrasé ; ceux qui sont au loin s'imaginent que cette illumination est délibérée en l'honneur de l'Empereur, et qu'elle célèbre l'anniversaire de son couronnement.

Puis les torches s'éteignent. C'était le soleil qui devait éclairer cette journée décisive, héroïque et radieuse, — le soleil d'Austerlitz.

Soldats, proclamait l'Empereur, la bataille finie, soldats, je suis content de vous. Vous avez, en la journée d'Austerlitz, justifié tout ce que j'attendais de votre intrépidité. Vous avez décoré vos aigles d'une immortelle gloire. Une armée de cent mille hommes, commandée par les Empereurs de Russie et d'Autriche, a été, en moins de quatre heures, ou noyée ou dispersée.

Un vélite de la garde ajoute ce trait : Une foule d'ennemis trouva son tombeau dans les lacs. J'ai vu l'Empereur lui-même donner la main aux soldats de sa garde pour les aider à tirer de l'eau le plus grand nombre possible de Russes et les encourager par l'exemple et les paroles.

Un traité signé à Presbourg le 27 décembre, couronnait les résultats de cette guerre. En cent jours, la Grande Armée — car l'armée a pris ce nom que la postérité lui gardera — avait rompu la troisième coalition de l'Europe contre la France.

L'Empereur accordait au tzar la libre retraite ; à l'Empereur d'Autriche, il enlevait Venise et la Dalmatie. Il agrandissait la Bavière de tout le Tyrol. Le Wurtemberg devenait un royaume et Bade un duché. Le roi de Prusse, qui n'avait attendu pendant la campagne que l'occasion de s'associer aux ennemis, lui adressait des hommages, dont la fortune des armes avait changé l'adresse — et pour prix de cette attitude cauteleuse, il recevait le Hanovre, objet de sa convoitise. Mais, en même temps, il s'offrait à l'Angleterre, qui assistait, consternée, à l'écroulement de son plan. Pitt, l'inspirateur de ces hostilités, sur ces entrefaites, mourait. Avec un nouveau ministre, l'Angleterre exprimait un désir de paix, dont la sincérité n'égalait peut-être pas la bruyante manifestation.

Avec cette campagne d'Austerlitz, Napoléon a porté l'art de la guerre à des hauteurs inconnues jusqu'à lui, mais il y semble comme frappé de vertige. Les honneurs qu'on lui décerne sont immenses : aucun titre ne semble supérieur à ses mérites. Il est sacré Napoléon-le-Grand. Mais dans sa grandeur il absorbe trop la grandeur de la France. Elle n'a plus désormais d'autre volonté que la sienne et à tant de gloire elle consent le sacrifice de sa liberté. Comme il commande à l'Europe, Napoléon croit pouvoir désormais, sans limite, commander aux événements. Il jongle imprudemment avec les couronnes et les trônes. Il établit son frère Joseph à Naples, son frère Louis en Hollande ; à son beau-frère Murât, il donne Clèves ; à ses maréchaux, douze fiefs en Vénétie ; et lui-même, ayant brisé les liens du corps germanique, se nomme Protecteur de la Confédération du Rhin.

Les peuples, froissés dans leur sentiment national, font bloc avec leurs dynasties menacées ou dépourvues. Quand Napoléon croit étendre les frontières de ses alliances, et sauvegarder l'intégrité du sol français, il ne fortifie que les liens des coalitions étrangères.

L'Allemagne, cette mosaïque de petits états faibles, divisés et jaloux, que l'Empereur a commis la faute de constituer en nation, n'attend que le moment de reprendre l'épée de Frédéric, qu'elle croit encore faite à sa main. Elle a des troupes disciplinées, entraînées et solides, qu'exalte le souvenir des vétérans de la Guerre de Sept ans. La reine Louise de Prusse, casque en tête, cuirassée d'or, fanatise de son patriotisme les régiments dont elle passe à cheval de continuelles revues. Napoléon la compare à Bérénice mettant, dans son égarement, le feu à son propre palais.

Plus encore qu'avant Austerlitz, la Prusse, qui a partie liée, en sous-main, avec la Russie, veut se donner la gloire de vaincre sans son alliée, et, pressée d'engager le fer, elle adresse à Napoléon un ultimatum, aussi insolent dans la forme que celui de Brunswick qui, dans le chaos révolutionnaire, en 1792, avait réveillé, sublime, héroïque et pure, l'âme de la patrie en danger. La Prusse somme l'Empereur d'évacuer l'Allemagne par journées d'étapes et de donner sa réponse avant le 8 octobre 1806 au quartier général du roi.

On nous donne un rendez-vous d'honneur à Berlin, dit l'Empereur. A ces rendez-vous, jamais un Français ne manque.

Le 25 septembre, il quitte Paris ; quinze jours plus tard il est au milieu de son armée. L'ordre est de marcher sans délai — et sans arrêt pour frapper comme d'un coup de massue les troupes ennemies concentrées sur la rive gauche de la Saale, qui ont la ville d'Iéna pour pivot. Des marches combinées portent, avec la célérité coutumière à la stratégie napoléonienne, les divers corps aux lieux prévus.

Napoléon, selon son habitude, est descendu jusqu'aux plus humbles détails : il a visité les camps, contrôlé l'organisation des parcs, des dépôts, des ambulances ; il s'est montré partout à ses soldats, prêts à tout oser pour lui dont la présence les électrise, et qui se sentent invincibles quand ils peuvent se dire : Nous l'avons vu, il est là !

Il a passé en revue le 2me régiment de chasseurs à cheval, il a interrogé le colonel : Combien d'hommes ? — Cinq cents, mais parmi eux beaucoup de jeunes gens. L'Empereur lance au colonel un regard courroucé : Ils sont jeunes ! Qu'importe, puisqu'ils sont Français ! Et se tournant vers le régiment, la voix haute et brève : Jeunes gens ! crie-t-il, il ne faut pas craindre la mort. Quand on ne la craint pas, on la fait rentrer dans les rangs ennemis ! Le mouvement de son bras souligne l'énergie de l'expression. Le mot a porté ; on entend comme un frémissement d'armes et de chevaux ; un même murmure d'enthousiasme éclate, précurseur de la victoire prochaine.

César, ceux qui vont mourir, et qui se savent par toi immortels, te saluent !

Le 10 octobre, à Offend, Lannes a culbuté l'avant-garde du prince de Hohenlohe, aux ordres du prince Louis de Prusse qui sera tué dans un corps à corps, par le maréchal des logis du 10me hussards, Guindey.

C'est en vain que l'armée ennemie voudrait, pour son salut, se diriger sur Magdebourg, les Français ont gagné trois marches sur elle. Le 12 octobre, elle se présente en bataille à Auerstaedt, forte de près de cent cinquante mille hommes. Le même jour, Napoléon arrive à Iéna, et du petit plateau qu'occupe l'avant-garde française, il pénètre les dispositions de l'adversaire, qui lui paraît manœuvrer pour attaquer le lendemain et forcer les divers débouchés de la Saale.

L'Empereur, qui devait passer la nuit au bivouac, au milieu de ses troupes, avant de se coucher, a descendu à pied la montagne d'Iéna il a trouvé toute l'artillerie du maréchal Lannes, qui doit donner la première, engagée dans un ravin que l'obscurité lui avait fait prendre pour un chemin ; elle y était tellement resserrée qu'elle ne pouvait avancer ni reculer. Il ne fit pas un reproche. Sa colère était d'autant plus terrible quelle se manifestait dans un silence glacé. Se rappelant Toulon, et, son premier état, il fit lui-même, en l'absence du général, l'office d'artilleur ; il réunit les canonniers, leur ordonna de prendre les outils du parc et d'allumer des falots : il en tenait un à la main, pour les éclairer, tandis qu'ils travaillaient à élargir la ravine. Il ne se retira que lorsque la dernière voiture fut passée.

Le matin, le brouillard couvrait les troupes. Les rayons d'un pâle soleil d'automne peu à peu le dissipèrent. Les deux armées s'aperçurent alors, à une petite portée de canon. La gauche de l'armée française, appuyée sur un village et des bois, était commandée par Augereau. La garde impériale la séparait du centre, qu'occupait le corps du maréchal Lannes. La droite était formée par le corps du maréchal Soult. Le maréchal Ney n'avait que trois mille hommes. L'armée ennemie était nombreuse, et ses mouvements étaient exécutés avec rapidité et précision. En moins d'une heure, l'action fut générale. De part et d'autre, on manœuvra comme sur le terrain d'exercice. Mais entre les deux armées, pas une minute, la situation ne fut hésitante. Les avantages pris par les Français furent constamment gardés. En vain, l'infanterie prussienne se forma-t-elle en bataillons carrés ; cinq de ces bataillons furent enfoncés : artillerie, cavalerie, infanterie, tout fut culbuté et pris. La cavalerie française arriva à Weimar, en même temps que les Prussiens, qui avaient été poussés le sabre dans les reins et arrosés de plomb pendant dix lieues.

Sur la droite, à Auerstaedt, Davout, dans le même instant, faisait des prodiges. Le soir de la bataille, il écrivait à sa femme ces simples mots, car la langue de ces héros dans le privé — une autre guerre devait nous l'apprendre, — est dénuée de toute emphase :

Le 14, le roi de Prusse, le duc de Brunswick, et tout ce qui restait à l'armée prussienne, des compagnons de gloire du Grand Frédéric, avec 80.000 hommes, marcha sur moi, qui leur ai évité une partie du chemin. Commencée à sept heures du matin, la bataille d'Auerstaedt était gagnée à quatre heures. Elle coûtait au roi de Prusse trois généraux, dont Brunswick, cinquante mille hommes et son royaume.

L'armée française s'étendit dans toute la Prusse comme un orage. Erfurt, Spandau, Prenzlow, Stettin, Francfort, Lubeck, Magdebourg capitulèrent. La colonne de Rosbach, arrachée par nos soldats, devint un trophée pour les Français victorieux. Napoléon, qui s'était fait conduire à Potsdam, au tombeau du Grand Frédéric, s'était emparé de l'épée que le roi portait pendant la Guerre de Sept ans.

Deux jours plus tard, il était à Berlin.

Davout l'y avait précédé avec ses deux bataillons d'infanterie, qui avaient traversé la promenade des Tilleuls, musique en tête. A la présomption avait succédé une morne terreur. Dans la capitale prussienne, abandonnée par le gouvernement, les ministres et le roi, ce n'était que panique et confusion.

Le 27 octobre 1806, à trois heures de l'après-midi, l'Empereur faisait son entrée triomphale. Il apparaissait, suivi de ses maréchaux, Berthier, Davout, Augereau, Bessières, Lefebvre et d'autres ; quatre-vingts grenadiers de la garde, portant chacun un drapeau pris sur l'ennemi, ouvraient la marche. Une députation, sous la présidence du gouverneur civil, venait à sa rencontre lui offrir les clefs de la capitale prussienne. La foule était innombrable, qui se pressait pour le voir. Et ces mêmes rues qui, la semaine précédente, retentissaient d'injures à son adresse, éclataient en vivats.

Pour affirmer que le sentiment de la peur lui était inconnu, dans cette cité vaincue, qui avait fait entendre à son endroit tant de cris de mort, il s'avançait au pas, isolé, point de mire d'une admiration qui se traduisait en clameurs serviles, — masque de la haine muette qui, au fond des cœurs prépare le levain des revanches. A 9 heures du soir il était couché et tranquillement dormait.

Réfugié à Kœnigsberg, avec la cour, le roi de Prusse appelait à son secours les bataillons russes, si lents à se mouvoir, et que la foudroyante avance de leurs ennemis consternait.

Napoléon avait maintenant, devant lui deux adversaires, dont il n'y avait plus de redoutable que le Russe.

Il quittait Berlin, portait son quartier-général à Posen, puis il entrait à Varsovie, dont ses maréchaux avaient chassé les Russes, et où il était acclamé, par les Polonais, en libérateur.

La campagne avait eu des débuts rudes et pénibles. Dans cette contrée dévastée, où les éléments naturels hostiles s'accumulaient, où les chemins n'étaient que des fondrières, en lesquelles hommes et chevaux disparaissaient à mi-corps, où fourgons et chariots s'embourbaient, les paysans avaient fui ou s'étaient cachés avec leurs provisions. Point de vivres, et la pluie qui tombait sans discontinuer ajoutait à ces fatigues. Les vieux soldats commençaient à manifester quelque mauvaise humeur. Ce fut sur ces routes de Pologne que Napoléon caractérisa du terme familier de grognards, ses anciens compagnons de l'armée d'Egypte. Ils grognent, mais ils marchent toujours. A certains signes, on croirait que la victoire qui les précède est plus lourde en son vol. Elle exige, du moins, de ces héros chevronnés plus de sacrifices, de misères et de peines que jamais.

Eylau sera un charnier.

A Eylau, à la pointe du jour, les Russes avaient commencé l'attaque par une vive canonnade. Les Français y avaient répondu sur le même ton : cela devint un duel d'artillerie formidable. Sous la neige qui se mit à tomber avec une extrême violence, tendant un rideau entre les adversaires, qui se cherchaient, aveuglés dans cette tourmente, les colonnes, perdant leur point de direction, flottaient, incertaines, longtemps. Il se produisit, enfin, une accalmie. Murat exécuta alors une de ces charges d'une audace inouïe, qui ont immortalisé sa manière. Elle permit à Davout de déboucher sur le plateau et de déborder les Russes, qui, trois fois, avaient fait des efforts aussi héroïques qu'inutiles pour le reprendre et qui battaient en retraite. Trois cents bouches à feu, pendant douze heures, avaient répandu la mort sur des bataillons qui ne s'abritaient point, car la guerre se faisait en panache. Le champ de bataille était comme un vaste cimetière avec ces cadavres étendus par milliers, que la neige avait ensevelis. Quelle discipline que celle de ces armées impériales, quelle soumission au maître, à la volonté de fer qui les asservissait à l'œuvre mystérieuse de son destin !

Lorsque, le lendemain, l'Empereur arriva sur le terrain qu'occupait le 14e régiment de ligne, il fut frappé par l'amoncellement des cadavres. La mort n avait rien dérangé de l'ordre où s'était défendu ce glorieux régiment : chacun y gardait, couché par la mitraille, la place que, vivant, il occupait. Autour de ces braves, teintée de leur sang, la neige était de pourpre. Au-delà, un cercle se dessinait, mamelonné par les cadavres entassés d'hommes et de chevaux des troupes ennemies venues se briser contre ce régiment qui, à son poste de bataille, était tombé jusqu'au dernier homme, sans avoir d'un pas, rompu sa ligne.

L'Empereur contemplait cette tranchée des baïonnettes : Ils sont rangés comme des moutons, lui dit le maréchal Bessières. — Comme des lions ! rectifia avec vivacité l'Empereur, qui se découvrit, et, lentement salua.

Le tzar et le roi de Prusse repoussent, après cette sanglante bataille, la médiation qu'offre l'Autriche, et qu'accepte Napoléon qui désire ardemment la paix. Il leur en coûtera d'être battus à Friedland, au jour anniversaire de Marengo, le 14 juin 1807. La campagne d'Austerlitz s'achève par une entrevue sur le Niémen, à Tilsitt, pour laquelle les soldats ont édifié deux cabanes sur le fleuve, enguirlandées de branchages, et accouplant courtoisement les chiffres de Napoléon et d'Alexandre. Le tzar en veut à l'Angleterre, qui l'a mal secondé, à l'Autriche, qui s'est dérobée à ses instances, et cette double rancune le rapproche à nouveau d'un vainqueur qui lui offre une paix magnanime, dans l'espoir de se l'attacher contre la Grande-Bretagne qu'il a par le blocus frappée d'excommunication commerciale. Par le traité de Tilsitt, la Russie perd les provinces qu'elle a prises à la Pologne, elles sont données à la Saxe ; et un royaume de Westphalie, où le jeune frère de l'Empereur portera la couronne, est découpé sur les rives de l'Elbe.

Est-ce une paix durable ? La France le souhaite, quoique, à ce moment, elle soit plus encore enivrée que lasse de tant de succès. Elle tresse des couronnes à l'invincible garde impériale ; par la voix des grands corps de l'Etat, elle met Napoléon au-dessus de l'histoire humaine. Les jours du règne, marqués par l'ordre qui succède à la tourmente et l'abondance à la disette, se déroulent dans une lumière d'apothéose.

Napoléon profite de la trêve pour visiter cette Italie que le souvenir de ses premiers lauriers — et peut-être quelque atavisme mystérieux — lui rend si chère. Ce voyage lui en rappelle un autre, celui qu'il fit en 1804 pour aller ceindre à Milan la Couronne de ter. Au retour, à Tarare, il avait conversé avec une bonne vieille qui ne devinait point l'Empereur, dans ce bourgeois en bonnet de voyageur qui, cependant avec tous les habitants du pays, sachant qu'il allait passer, était sortie pour le connaître. Il l'interrogea malicieusement sur ce qu'on avait à gagner à changer Capet contre Napoléon : L'autre, était le roi des nobles : celui-ci, Napoléon est le roi du peuple, nous le voulons, nous l'avons choisi, c'est le nôtre. — La bonne vieille, ajoutait l'Empereur, en dictant cette anecdote à Las Cases, pour le Mémorial, découvrait plus de bon sens que bien des gens d'esprit.

Le peuple eût-il souscrit encore aux paroles prêtées par Napoléon à la vieille paysanne ? En cette année 1808, la nation subjuguée porte, avec la gloire, le deuil de ses conquêtes politiques. Pour en effacer le dernier vestige, il vient de supprimer le Tribunat, et le Corps Législatif est réduit à n'être plus que l'expression tremblante des volontés du maître. Soldat heureux devenu roi, il relève pour ses compagnons d'armes les titres de noblesse que l'égalité révolutionnaire a abolis. Ainsi, de jour en jour, il se rapproche de ces formes monarchiques qui donnent un peu du vernis de la tradition à son trône d'un éclat fulgurant, mais si neuf.

Traitant d'égal à égal avec les plus grands et les surpassant, il peut, où il en est arrivé, à son gré, tenir une cour de rois. Et il le prouve. Dans le dessein d'assurer la paix du nord, qu'il sent chancelante, il prépare une entrevue dans la petite ville d'Erfurt, et en nul endroit du monde, jamais on ne vit pareille réunion de monarques, de princes couronnés et d'illustres seigneurs. L'élégance des plaisirs, que l'Empereur règle lui-même, y masque le sérieux des affaires. Il a offert au tzar une hospitalité d'un faste que le souverain de toutes les Russies, en ses propres états ne dépasserait point. Ce ne sont, durant trois semaines, que festins et galas. Il a fait venir les meilleures troupes théâtrales de Paris, dont Talma et ses camarades. S'étant aperçu que le tzar est un peu dur d'oreille, il a fait installer à la place de l'orchestre une estrade, avec deux fauteuils, placés côte à côte, l'un pour Alexandre, l'autre pour lui. Les rois et les princes ne disposent que de simples sièges à côté ou derrière. Alexandre se prodigue, avec une abondance toute slave, en protestations d'amitié et en flatteries. Un jour, à ce vers d'Œdipe :

L'amitié d'un grand homme est un bienfait des dieux

il se lève, de manière à être vu de toute la salle, et saisit la main de Napoléon. L'assistance, qui a compris l'allusion, donne, par son attitude débordante d'enthousiasme, à l'à-propos de ce geste, une unanime adhésion.

A ces comédies, l'Angleterre n'assiste pas, elle en sait l'imposture et son prix. Elle se tient dans d'autres coulisses que celles du petit théâtre d'Erfurt, et elle en manœuvre les ficelles. Entre elle et le roi de Prusse, qui n'a pas été convié à l'entrevue, et avec le tzar, elle a des négociations occultes, où la trame des évènements futurs se noue. Mais la confiance de Napoléon dans la loyauté d'un adversaire, en lequel il persiste à ne voir qu'un ami, s'est accentuée encore. Il croit momentanément solide une paix qui chancelle. Et libéré imprudemment de plus importants soucis, dans l'espoir d'y conquérir une couronne à donner, il se lance dans l'aventure de cette malheureuse expédition, la guerre avec l'Espagne. Elle lui demandera des efforts persévérants marqués du meilleur de son génie pour n'aboutir qu'à l'aveu désastreux dune erreur et d'une faute.

L'Espagne, sous des maîtres peu dignes de son grand passé, aspirait à s'affranchir de certains préjugés archaïques, dont le plus loyal attachement aux traditions nationales supportait mal le joug. Mais elle n'entendait point que ce fût avec le concours de l'étranger. La race lui remonta, quand Murat s'approche de Madrid. Nous avons affaire, écrivait Napoléon, à un peuple neuf, il a tout le courage, il aura tout l'enthousiasme que l'on rencontre chez des hommes que n'ont point usé les passions politiques. Lorsque son frère, Joseph entra dans la capitale espagnole, au bruit des cloches mises en branle, par ordre, toute l'Espagne répondit par le tocsin. Napoléon avait méprisé imprudemment cette force morale des nations, avec laquelle il dédaignait trop de compter.

Mais, pourtant, là encore, Cid auréolé d'un incomparable prestige, il n'a qu'à paraître ; en trois mois, les armées castillanes sont défaites ; Madrid est réoccupée, les Anglais chassés. Saragosse est prise. Les Français habitués aux vastes manœuvres, et que déconcertait depuis cinq ans, cette guerre au couteau, toute de traîtrises et d'embûches, où leur énergie s'usait et qui murmuraient : Serions-nous venus pour être battus par des moines ? ont repris confiance. Leur foi en les lendemains victorieux se traduit aussitôt en enfantillages. Sous l'œil du maître, à Burgos, le bivouac des grenadiers donne à Napoléon, qui demeure à l'archevêché, le spectacle pittoresque de vieux briscards, assis dans des fauteuils de style, fumant gravement leur pipe et devisant des choses de la guerre devant un foyer alimenté par des éventails et des guitares, et dont la flamme danse sous la marmite, où mijote le pot au feu de l'escouade.

Ce tableau amuse moins, sans doute, son regard qu'il ne le durcit. Il a l'horreur du désordre ; il ne tolère ni les pillages, ni les rapines, ni les destructions systématiques. En entrant en Italie, il disait à ses soldats : Jurez-moi d'être les libérateurs des peuples, et non leurs bourreaux. Dans un ordre du jour, en Espagne, il ordonnait la mort des pillards, et écrivait : Le pillage anéantit tout, même l'armée qui l'exerce.

La guerre qu'il a voulue au-delà des Pyrénées le précipite dans celle qu'il souhaitait d'éviter, sur le Danube. Il y est appelé d'urgence. Il quitte l'Espagne en laissant à ses généraux l'impossible mission de l'y continuer. Je m'en vais à Vienne, dit-il, allègrement, à Rœderer, avec mes petits conscrits, mon nom et mes grandes bottes. Mais que de petits conscrits restent derrière lui, occupés dans cette Espagne rebelle, qui lui manqueront dans la suite pour maintenir le génie de son nom. Quant à ses grandes bottes, elles n'auront frappé le sol de la péninsule ibérique que pour en faire surgir une armée, sans cesse renouvelée, de patriotes fanatiques, décidés à montrer ce que peut contre le génie même du plus grand des capitaines, la ténacité d'un peuple.

L'Autriche, honteuse du rôle effacé que Napoléon et le tzar lui ont assigné à Erfurt, où tout annonçait une paix générale qui serait plutôt commandée que consentie, suscite une cinquième coalition. Elle arme, elle est prête devant que Napoléon le soit, que les affaires d'Espagne ont trop distrait. Il court faire face au nouveau danger. Son armée est inférieure à celle de son adversaire, l'Archiduc Charles, mais ses soldats sont ceux d'Austerlitz, d'Iéna et de Friedland. Et cinq campagnes sont, coup sur coup, cinq victoires. Les combats d'Eckmühl et de Ratisbonne ajoutent ces noms couronnés à tant de noms illustres. Pour la seconde fois, Napoléon entre à Vienne, dont a dû s'éloigner François II.

Là, il prend du temps, il combine ses forces de manière à diviser celles de l'ennemi, et à lui couper ses retraites. Sur les bords du Danube, il fait jeter des ponts, mais les crues soudaines du fleuve en rendent le passage malaisé et hasardeux. L'archiduc Charles attend les Français sur la rive opposée. Une bataille, plus mémorable que décisive, s'engage le 21 mai 1809 ; c'est Essling. Le temps n'est plus des victoires faciles, toutes sont dures désormais et chèrement payées. Napoléon, ajournant la lutte définitive, se concentre dans l'île de Lobau, qui est approvisionnée et fortifiée.

Cette bataille d'Essling est marquée par une irréparable perte. Lannes y est frappé mortellement ; un boulet lui a emporté les genoux. Ses soldats l'ont couché sur une civière faite de fusils et de branchages, et l'ont transporté jusqu'au pont, où l'Empereur le visite. La peine de l'Empereur est indicible, et il ne la dissimule point. Il se penche sur le blessé, l'étreint dans ses bras : Lannes, me reconnaissez-vous ? — Oui, Sire, mais dans deux heures vous aurez perdu le meilleur de vos amis. — Que non, Lannes, vous vivrez et, je n'aurai pas la douleur d'être séparé de vous. Remonté par ces paroles affectueuses, le beau soldat, déjà presque moribond, trouve la force de répondre : Je serai heureux de servir longtemps encore la France et Votre Majesté.

L'Empereur qui remonte en selle, chasse les ombres de son front, et, fixant l'espace de l'éclair froid de ses yeux gris, au milieu du silence impressionnant de l'escorte, il s'éloigne

Le 31 mai, à Vienne, où on l'a transporté, brûlé par la fièvre, et commandant encore, dans son délire, d'imaginaires batailles, Lannes, duc de Montebello, succombait. L'Empereur, qui était revenu près de lui la veille, pendant plus d'une heure, avait prolongé cet adieu.

Après Essling, les deux armées, restées dans les mêmes positions, s'observent. Une réciproque activité annonce leur commun désir de donner à cet engagement une importance qui permettrait de décider de la victoire et peut-être même de la guerre. L'archiduc Charles rassemble les dernières ressources du pays. L'Empereur, installé à Schœnbrunn, prémédite un nouveau passage du Danube. Trois ponts sur pilotis, ouvrage deux fois plus ardu que celui de César sur le Rhin, sont établis. Les pontonniers, sous l'œil du maître, font des prodiges.

Renfermé à Schœnbrunn, Napoléon ne s y occupe que de son armée. Il ne s'écoule pas un jour sans qu'il en fasse la revue. Tous les matins, les troupes sont commandées pour la parade, dans la cour d'honneur. Entouré de ses généraux, il passe devant les rangs. Il veut que le respect dévotieux de ses soldats se traduise par leur certitude en sa justice et en sa bonté. Être grand ne va point, dans sa pensée, sans être juste. Si haut, d'ailleurs, il ne redoute pas que cette sollicitude laisse dégénérer leur confiance en familiarité. Il n'est pas rare que l'un d'entre eux lui exprime posément ses griefs ou ses désirs. Sa brusquerie accepte toutes les réclamations, si le zèle de servir, — et de le servir, — en est le fondement. Il est de bonne politique qu'un dieu s'humanise.

Un jour, à Schœnbrunn, un jeune officier sort des rangs, fait quelques pas et, sollicité de parler par ce regard terrible dont il soutient l'éclat, il se dit victime d'un passe-droit : il a de beaux états de service et n'en est pas moins depuis cinq ans toujours lieutenant. On tremble pour l'imprudent ; l'Empereur sans doute va se fâcher : il sourit, ou presque. Calmez-vous, lui dit doucement l'Empereur, moi, je l'ai été lieutenant pendant sept ans, et vous voyez, qu'après tout, cela ne m'a pas empêché de faire mon chemin. Le mot court les rangs, et comme il l'a prévu, sa gaîté malicieuse fait s'évanouir, dans un éclat de rire, une foule de ces plaintes coutumières aux héros impatients ou malchanceux.

A partir de la seconde moitié de juin, tous les après-midis, l'Empereur va visiter, dans l'île de Lobau, les constructions et les travaux considérables qu'il a ordonnés. Il en surveille méticuleusement l'exécution : Lorsqu'il était assis, écrit le duc de Rovigo, au milieu d'officiers d'artillerie et du génie, on ne pouvait plus l'en arracher, et il était toujours nuit close lorsque nous rentrions à Schœnbrunn.

Il lui arrivait même de faire ses ablutions en plein air, devant toute l'armée. Il n'y a pas de grand homme, a-t-on dit, pour son valet de chambre : Napoléon, en toilette de nuit, sans sa redingote grise et son chapeau légendaire, ne craignait pas de déchoir, aux yeux de ses soldats ; ils le voyaient assis sur l'herbe, au milieu de sa livrée, dévêtu, en gilet de dessous. Un sachet pendu à son cou intriguait les témoins ; il contenait, en prévision des trahisons de la fortune, un poison libérateur. Heureusement, la nuit où, désespéré, à Fontainebleau, Napoléon le portera à ses lèvres, l'effet en sera nul. Le suicide n'est pas une porte de sortie à la taille d'un tel géant.

Le 1er juillet 1809, Napoléon ordonne l'attaque générale de la bataille qui sera la revanche d'Essling. Dans la nuit du 4 au 5, au cours d'un furieux orage, il trompe l'adversaire, passe le fleuve, et l'oblige à accepter le combat à l'heure, et là, où il l'a voulu, — et où l'ennemi ne l'attendait pas. L'armée française se déploie dans la plaine, selon un rythme arrêté, et contraint l'Autrichien de reculer de toutes ses positions. Le 6, au crépuscule, à Wagram, la défaite de l'archiduc est consommée.

Le 14 octobre, la paix est signée à Schœnbrunn. L'empereur d'Autriche adhère au blocus continental, il perd le tiers de ses états. Pour prix de son alliance douteuse, le tzar obtient la promesse que la Pologne ne sera pas reconstituée. Le traité est ratifié le 15. Trois jours avant on avait arrête, à la parade, un officier allemand, qui avoua à l'Empereur être venu pour le tuer, et qu'il accomplirait son projet, si on lui laissait la vie. Ces paroles impressionnèrent l'Empereur. Il devina dans la fermeté de ce jeune fanatique, quelle moisson de haine germait sous ses lauriers. Et il se demanda, si l'on n'eut arrêté à temps le poignard de l'Allemand, ce qu'il serait advenu de l'œuvre impériale et de son trône sans héritier direct ou légitime.

Cette préoccupation décidera du sort de l'impératrice Joséphine. Le divorce, si cruellement qu'il en coûte à la tendresse de l'Empereur, de ce moment, dans son esprit est chose arrêtée. Joséphine en pressentait l'approche. Quand la fatale nouvelle lui fut annoncée, impératrice et reine, elle se roidit dans sa douleur et s'inclina dignement devant la nécessité du sacrifice. Mais elle avait trop présumé des forces de la femme, elles la trahirent, et elle s'évanouit. L'Empereur manda un chambellan et, lui-même la soutenant, par l'escalier secret, sombre et tortueux, qui s'ouvrait derrière son cabinet, aida à transporter la souveraine dans sa chambre à coucher. Quel contraste que ce cortège avec celui du sacre, dont le pinceau de David avait transmis à la postérité la magnificence ! Encore une marche, Sire, encore plus bas... S'enfonçant dans cette ombre, il semblait, avec cette femme évanouie, descendre au sépulcre le fantôme des jours heureux d'un règne dont les heures étaient à présent comptées.

Cependant, son trône est encore le plus élevé des trônes du monde, et il n'a qu'à l'ambitionner, pour que vienne s'y asseoir une fille des rois. Il estime politique de conclure une alliance intime avec l'Autriche en épousant une archiduchesse impériale.

Un jour de mars de l'année 1797, toute petite fille, Marie-Louise, était au milieu de ses domestiques au palais à Vienne. Tout à coup, elle ne vit plus autour d'elle que des visages inquiets, que des gens affairés. Des gouvernantes tremblantes et qui pleuraient, l'habillaient en hâte pour la conduire, avec ses frères et sœurs, à un bateau qui les attendait sur le Danube. Qu'est-ce qui arrive ? est-ce le diable ? demandait la petite Marie-Louise, terrifiée. — Pis que cela, mademoiselle, répondait la gouvernante ; c'est Bonaparte ! Et, toute étiquette oubliée, dans la plus guindée des cours, l'enfant était entraînée loin du monstre. On croyait alors que les Français allaient entrer à Vienne ; ce n'était, cette fois qu'une alerte. Marie-Louise enfant, assista souvent un spectacle de semblables terreurs causées autour d'elle par ce corsicain que les Anglais caricaturaient sous les traits d'un noir coiffé d'un bonnet phrygien que la main de la petite princesse aimait cribler d'épingles.

Marie-Louise, maintenant, voyage sur les routes de France, en grand gala. Elle vient au-devant de ce corsicain, tout puissant, maître du monde, — son maître, son empereur, son époux.

Le mariage par procuration a été célébré à Vienne ; il va l'être effectivement à Compiègne. L'Empereur est trop impatient pour attendre avec calme l'arrivée de sa nouvelle épouse. Quand la voiture, dans laquelle elle voyage, avec la reine Caroline, est signalée, il fausse compagnie à la cour, et avec Murat se hâte à sa rencontre. Il pleut à torrents. Sous le porche de l'église du petit village où elle doit passer, il se réfugie, trempé jusqu'aux os. L'équipage arrive, il se lance sur la voiture, dont un écuyer a juste le temps d'ouvrir la portière et de crier son nom ; il se précipite en tempête. Très pâle et surprise, Marie-Louise lui tend sa main, qu'il baise : Madame, dit-il, j'éprouve à vous voir un grand plaisir. Et il s'assied à côté de l'archiduchesse, que cette foudroyante présentation a dû plus étonner encore qu'émouvoir.

La nouvelle impératrice se repose quelques jours à Compiègne ; le mariage civil sera célébré à Saint-Cloud, l'an mil huit cent dix, et le premier jour du mois d'avril, dira l'acte. Et le mariage religieux aussitôt après sera célébré dans la chapelle du Louvre. Le cortège sera reçu aux barrières de la ville de Paris, devant l'Arc de Triomphe, qui n'est encore qu'une bâtisse en planches, recouverte d'attributs et de devises, — dont celle-ci : Elle charmera les loisirs du héros.

L'Empereur fait à sa nouvelle épouse les honneurs de son peuple, mais sans délaisser les travaux absorbants, qu'il consacre à l'épanouissement de son empire, avec une ardeur vertigineuse.

L'œil du maître, dans la paix comme dans la guerre, est partout. Il veut tout savoir, et, ce qui est surprenant, il a le temps de tout savoir. C'est qu'il bannit toute parole vaine, qu'il ne parle que pour enseigner et qu'il n'écoute que pour apprendre. Ses interrogations sont brèves et utiles, son regard scrute, sa pensée fouille. La machine gouvernementale est, dans sa main, un modèle de rendement. Il pourvoit, lui-même, aux emplois, et quand il donne une place, c'est une fonction qu'il délègue.

Mettre partout l'homme qui convient dans le poste qui convient à l'homme, voilà, a écrit Taine, ce qu'il a fait pour lui-même et ce qu'il fait pour autrui. Il sait qu'en cela surtout consiste sa force, sa popularité profonde, son utilité sociale.

Son voyage de noces est un voyage politique. Il emmène Marie-Louise en Belgique, et il en profite pour visiter les postes de la frontière et les arsenaux. Tout à sa nouvelle épouse, il n'en est pas moins aux affaires de l'État ; les lettres datées de ce voyage montrent la diversité sérieuse de ses soucis. Elles traitent particulièrement des finances qu'il a assurées et dont il a établi l'équilibre affreusement rompu. Les opérations de la Banque de France, qu'il vient de créer, le préoccupent. Il s'informe si cette institution répond bien à l'objet qu'il lui a assigné, qui est d'apporter aide et crédit aux affaires. Et la Caisse d'amortissement s'est-elle prêtée à la réalisation qu'il veut foudroyante des travaux de Paris, dont il entend faire la plus belle ville qui soit dans le monde ?

J'y voudrais réunir, dit-il, tout ce qu'on admirait dans Athènes et dans Rome, dans Babylone et dans Memphis : de vastes places ornées de monuments et de statues, des fontaines jaillissantes dans tous les carrefours, des théâtres, des musées... De retour dans sa capitale, il en presse l'embellissement ; il se fait conduire sur les chantiers : il y en a partout, et l'on n'y chôme point : au Muséum, à la Bourse, dans la cour des Tuileries, au Carrousel, à la Halle aux blés, au Marché des Innocents, au petit Bercy, entrepôt des vins ; au Marais, où la science industrieuse des fabricants parisiens s'installe dans les hôtels seigneuriaux délaissés ;, à la Madeleine, dont les fondations sortent de terre ; à la Colonne de la Grande-Armée, qui sera inaugurée pour sa fête.

L'Impératrice l'accompagne partout. Et comme elle doit l'accompagner aux revues, il en fait une écuyère accomplie. Il veille, en personne, au manège, aux leçons d'équitation, qu'il a pour son compte, quelque peu négligées.

Il se prête au faste qu'il impose, car le luxe est une des sources de la richesse nationale ; il chasse, il va au spectacle, il goûte la musique, il aime la tragédie, et s'il est nécessaire, sans entraînement, il danse : ce sont les charges de sa fonction.

Il en est de plus impérieuses, mais il n'en omet aucune. Il préside chaque jour deux ou trois Conseils : le Conseil du Commerce, le Conseil privé, le Conseil secret, le Conseil d'administration de la guerre, le Conseil des Ponts et Chaussées, — et sa conception favorite, le Conseil d'Etat. Celui-ci est, selon sa propre expression, sa pensée en délibération. Par là, il rétablit l'ordre dans la règle. A peine, dit Cormenin, au retour de ses grandes batailles, Napoléon avait-il déchaussé ses éperons, qu'on entendait à la porte du Conseil un frémissement d'armes. Trois fois, le tambour roulait, les portes s'ouvraient à deux battants et l'huissier criait : *L'Empereur, messieurs !* Napoléon marchait à pas brusques, à son fauteuil, saluait, s'asseyait. Alors, commençait la délibération, qui quelquefois n'était que des monologues étranges, tumultueux, enflammés, où s'épanchait renseignement de ce prodigieux orateur. Plus tard, après Tilsitt, il devint plus réservé ; de moins en moins, il associa le Conseil d'État à ses actes politiques, mais il lui gardait sa fidélité et sa confiance pour la collaboration administrative, qui ne fut jamais si laborieuse qu'à l'apogée du règne impérial.

L'homme qui créa, avec cette fièvre, tant de monuments magnifiques, qui embellit, enrichit tant de cités, qui les dota d'établissements en harmonie avec tous les progrès, comment n'aurait-il pas aspiré à placer ces trésors sous la protection de la paix ? Génie de la guerre, la paix n'est-elle pas, en stricte logique, l'unique but qu'il assigne à son ambition ?

Et la naissance d'un fils n'en sera-t-elle pas le gage ? Le peuple l'espère, qui fait des vœux pour l'événement qui ne tardera pas à s'accomplir.

Le 20 mars 1811, un printemps précoce répandait sa lumière radieuse. Depuis l'aube, la foule, amassée autour des Tuileries attendait que le 21e coup de canon des Invalides lui apprît qu'un mâle venait de naître, qui nouait entre l'Empereur et la nation un lien plus fort que la victoire. Le vingt-et-unième coup retentit : C'est un garçon ! criait la foule, l'Empereur a un fils ! Pas une voix discordante en ce concert d'allégresse. De la chambre de l'Impératrice, dissimulé derrière un rideau, Napoléon était le témoin de cette effervescence joyeuse. Saisi d'un attendrissement qu'il n'avait jamais, à ce point, ressenti, impuissant à contenir l'ivresse qui débordait de son cœur, il se penchait sur son fils et l'embrassait en pleurant.

Il ordonnait aussitôt des fêtes. Celles du baptême se déroulèrent dans le parc de Saint-Cloud, entièrement abandonné au peuple. C'était le pays de Cocagne. Des tables ouvertes à tout venant étaient dressées dans les allées ; dans les bosquets étaient dissimulées des fontaines d'orgeat et de groseille. Les illuminations étaient féeriques. A neuf heures du soir, l'aéronaute populaire, Mme Blanchard, s'élevait en ballon, et, parvenue à une certaine hauteur, mettait le feu à une étoile suspendue à la nacelle, qui, pendant plusieurs minutes, constellait la nuit des feux qu'elle lançait.

Étoile merveilleuse, dans le firmament, elle apparaissait à tous comme celle même de l'Empereur ; elle était l'étoile qui s'était levée avec sa fortune, et qui atteignait, à cet heure, au zénith. La naissance de son fils était encore une faveur suprême de la destinée envers l'être prodigieux à qui, depuis quatorze ans, tout avait réussi. Mais tant de bonheur chez un mortel, n'est-ce pas une exception de la Providence ? Et, en admettant qu'elle ne se lassât pas envers lui, continuerait-elle à un autre de telles faveurs ? L'enfant impérial était-il la promesse indubitable que l'Empire n'était pas tout entier dans l'Empereur ? Le présent est beau : de quoi sera fait l'avenir ? L'avenir est à moi ! dit l'Empereur, penché sur un berceau. Son fils est son espoir, son orgueil et sa joie. Il l'aime en souverain, il l'aime en père. Il le porte dans ses bras, écrit Marie-Louise ; il fait l'enfant avec lui, il veut lui donner à manger. A mesure qu'il grandit, il partage ses jeux, guide ses premiers fis, s amuse à l'affubler de son chapeau et à lui ceindre son épée. Il lui laisse licence de violer à toute heure la retraite où il médite. Il a grand contentement à observer que le peuple cherche à apercevoir son fils de loin, dans le jardin réservé des Tuileries, où il prend ses ébats, et dans le parc de Saint-Cloud, alors qu'on le promène en sa petite calèche attelée de deux moutons frisés dressés par Franconi et que lui a donnés la reine de Naples.

Mais quel nom est le sien, dont le peuple perçoit mal la signification ? Pourquoi l'appelle-t-on le roi de Rome ? Quel vocable étrange pour des oreilles françaises. On explique que c'est en souvenir de ce qu'à la suite de son alliance avec la papauté, Charlemagne était qualifié d'Empereur des Romains, et que ce titre avait été reconnu à ses successeurs. C'était souligner que Napoléon prenait Charlemagne pour modèle, et comme lui, voulait, sous son sceptre, reconstituer l'Empire d'Occident. Paris serait la capitale du monde chrétien. Le pape s'y prêterait de gré ou de force, qu'il avait fait enlever de la Ville Eternelle, et qu'il tenait prisonnier de sa volonté, en tous les domaines, exclusive et impérieuse.

L'Empire n'avait pas besoin de ce titre présomptueux donné à l'héritier impérial, pour faire se réveiller chez les rois rivaux des inquiétudes, des colères et des rancunes qui n'étaient jamais pour longtemps assoupies.

Une fois de plus, la paix va être troublée. Le tzar Alexandre, sous des prétextes inconsistants, arme en secret contre la France, et, publiquement, rompt les relations diplomatiques. Vainement, l'Empereur, de bonne foi, s'efforce-t-il de le rassurer, en protestant n'avoir aucun dessein sur la Pologne, qui cependant, saluerait en lui, s'il le voulait, son libérateur. Le tzar reste sourd à ces affirmations. Ambition contre ambition, il a peur de celle de son rival, et ses marques d'amitié envers lui ne sont jamais que des feintes. Son attitude décide de celle de tous les rois vaincus. La Russie est contrainte par la fatalité, s'écrie Napoléon : que ses destins s'accomplissent ! Mais lui-même, dont les destins allaient s'accomplir dans cette campagne funeste, ne voyait-il pas que la fatalité l'entraînait aussi ?

L'armée qu'il met en marche contre le plus vaste empire du monde, est encore la Grande Armée, et mérite toujours sa renommée fabuleuse ; mais l'ennemi qu'elle est appelée à combattre est ce colosse que Pierre-le-Grand a façonné de ses mains puissantes, et qui ne s'écroulera que par son propre poids, s'il cède jamais à des discordes intestines. Napoléon malheureusement va éprouver la fidélité du peuple russe à son souverain et sa passivité fataliste.

Ce n'est plus la marche à l'étoile, c'est la marche à l'inconnu. La Grande Armée, qu'il entraînait par les steppes du nord, comprenait des soldats de plusieurs nationalités : que cachait-elle parmi ces étrangers de sourdes rancunes et de secrets espoirs de trahison ? Le roi de Prusse, Frédéric-Guillaume, au moment même où il vient saluer, à Dresde, le maître du monde, fait tenir au tzar une contre-lettre : Si la guerre éclate, nous ne nous ferons de mal que de stricte nécessité, nous nous rappellerons toujours que nous devons un jour, redevenir alliés.

C'est avec d'aussi douteux concours que Napoléon se propose de porter un tel coup au tzar, qu'il l'obligera, croit-il, à capituler en quelques semaines d'occupation. Il ne soupçonne pas de quelles ruses usera l'adversaire, ne lui opposant à Witebsk, à Wilna, à Smolensk qu'une résistance passive, se retirant devant lui, se dérobant à ses atteintes jusqu'à ce qu'il soit entré au cœur même de la Russie qui, systématiquement dévastée, devient, à mesure que l'armée française y pénètre, un désert. Elle y a perdu les deux tiers de ses effectifs. Duroc, effrayé, écrit dans ses notes intimes : La paix fuira devant nous, comme la bataille, et plus longtemps.

Cette bataille, Napoléon peut enfin cependant l'engager.

Le jour même, le portrait du roi de Rome, par Gérard, arrive au camp. L'Empereur le fait placer devant sa tente. Les soldats s'approchent, s'appellent, contemplant avec ravissement l'enfant impérial : Souhaitons-lui des moustaches ! disent les vieux grenadiers. Tourmenté, nerveux, Napoléon fait retirer le portrait de son fils : Il voit de trop bonne heure, dit-il, le champ de bataille. Cependant, de cette bataille, il attend la décision et le salut. La nuit vient, humide, traversée de giboulées. On allume de grands feux. A la lueur des flammes, les adjudants distribuent aux sergents-majors l'ordre de l'Empereur aux troupes, daté du 7 septembre, 2 heures du matin :

Soldats, voici la bataille que vous avez tant désirée. Désormais, la victoire dépend de vous. Elle vous est nécessaire. Elle vous donnera de l'abondance, de bons quartiers d'hiver et un prompt retour dans notre patrie. Conduisez-vous comme à Austerlitz, à Friedland, a Smolensk et que la postérité la plus reculée cite votre conduite dans cette journée. Que l'on dise avec orgueil : il était à cette grande bataille dans les plaines de Moscou.

L'élan des troupes est superbe. Sous le commandement de Ney, de Murat, de Davout, ils entrent dans le village de Borodino. Ney, l'intrépide y conquiert ce nom glorieux de la Moskowa, que l'Empereur lui décerne sur le champ de bataille. La lutte, qui exige une tactique meurtrière, est acharnée ; la mêlée furibonde. Vingt généraux tombent, trente colonels, d'innombrables officiers. Une rivière de sang répandu coule dans la plaine. Les deux armées s'arrêtent, épuisées. Il n'est pas quatre heures. L'Empereur n'a pas encore fait donner la garde. Il constate que l'armée russe sera bientôt prête à supporter un nouveau choc : A huit cents lieues de France, dit-il, on n'expose pas sa dernière réserve. Son amour-propre était satisfait, son but n'était pas atteint. L'armée russe lui abandonnait Moscou, mais en même temps, elle lui échappait.

Le 14 septembre, il atteint la cité des tzars. A la vue de cette ville étrange, superbe, aux clochers de métal doré, que fait étinceler un rayon de soleil, les visions funèbres de l'immense holocauste s'évanouissent ; un même cri d'orgueil et d'enthousiasme s'élève du cœur de l'armée. Les généraux oublient leurs griefs et chassent leurs craintes ; ils entourent le maître, ils s'associent à l'exclamation de bonheur qui lui échappe, ils rendent hommage à sa fortune.

Mais, vainement, Napoléon attend que les notables viennent, selon le rite consacré, lui présenter les clefs de la ville. Fâcheux prologue : nul personnage officiel ne se présente à lui. Sombre, il donne l'ordre à son avant-garde de pénétrer dans Moscou. La ville semble déserte. Les quelques individus qui y rôdent ont des mines sinistres ; beaucoup sont ivres qui se sont abreuvés dans les dépôts d'eau-de-vie, qu'ils ont pillés. Quelques incendies éclatent, qui passent inaperçus d'abord, puis d'autres. On s'étonne, on s'inquiète, on commence à soupçonner une organisation et un mot d'ordre. L'Empereur est à peine installé au Kremlin, qu'un incendie éclate subitement, à proximité. Les malfaiteurs échappés des prisons sont pris sur le fait, la torche à la main ; ils avouent qu'ils ont été commandés pour accomplir cette besogne, et le secret transpire que le gouverneur de Moscou, Rostopchine, a eu la sauvage énergie de faire de la merveilleuse ville un bûcher dans l'espoir d'y consumer la victoire de son ennemi.

L'Empereur avait prévu toutes les forces hostiles liguées contre lui dans cette campagne redoutable, toutes, excepté une pourtant : le feu.

Voilà donc, dit-il, comme ils font la guerre. La civilisation de Pétersbourg nous a trompés : ce sont des Scythes.

La ville n'est qu'un déluge de feu ; les ondulations des flammes agitées par un vent furieux semblent des vagues soulevées dans une tempête. L'incendie s'est communiqué aux écuries du palais et à une tour attenant à l'arsenal. Le danger est imminent. On prévient l'Empereur ; ses généraux le supplient de quitter le Kremlin ; il hésite, puis se décide, et s'éloigne après s'être frayé un passage au travers des ruines fumantes. L'incendie s'éteint faute d'aliment. Napoléon revient au Kremlin ; il médite entre les murailles menacées son nouveau plan de campagne. Sa décision est prompte : comme il a pris Moscou, il prendra Saint-Pétersbourg, la nouvelle capitale. Mais ses généraux, las, désireux de ne pas courir un autre inconnu, avides de repos, proposent de revenir par des contrées moins désertées, sur des centres approvisionnés où l'armée prendra ses quartiers d'hiver. Et lui, la force impulsive, il subit l'impulsion de ses lieutenants ; il cède, il abandonne son plan. A la vérité, une illusion tenace l'y incline : il croit encore à la sincérité du tzar, auquel il offre une paix amicale dont il lui ouvre les perspectives souriantes. Mais le temps presse, l'hiver russe approche, l'armée ennemie se retire toujours, et Alexandre ne répond pas.

Prolonger au-delà cette attente, c'est laisser aux Russes la possibilité de couper à l'armée toute retraite. Napoléon s'arrête à une action stratégique qui consiste à refaire en sens inverse le cruel chemin que la Grande Armée a déjà parcouru. La première étape à atteindre est Smolensk, où l'on a l'espoir d'un ravitaillement. L'exode commence, héroïque et lamentable. L'hiver est terrible, les vivres manquent. Les chevaux sont réduits à l'état de squelettes, ou mourants ; leurs entrailles servent d'abri aux malades grelottants, et leur chair aux affamés. Les soldats, sombres, farouches, marchant isolés, toutes les armes confondues et tous les grades, ne sont plus que des fantômes. Sur les flancs des convois, les Cosaques qui les suivent comme des loups un troupeau, les harcèlent. Ils croissent constamment en nombre et en audace ; et leurs bandes deviennent des armées. Koutousof, le général russe, reconstitue ses forces, et, à distance prudente, se rapproche. A pied, un bâton de bouleau à la main, à la tête de la Vieille Garde, Napoléon se met résolument à sa recherche. Il a six fois moins d'hommes que son adversaire, et cependant Koutousof n'ose pas se laisser aborder, tant est prestigieux, jusque dans la pire adversité, la renommée du vainqueur du monde.

Ney, coupé du reste de l'armée française, et qui en couvre la retraite, fait de sublimes efforts ; qu'il soit perdu et tout est perdu ; mais il arrivera à temps pour participer à la bataille qui permettra à l'armée de sauver ses débris.

Parvenue à Smolensk, qu'elle ne peut guère que traverser, loin d'y prendre ses quartiers d'hiver, l'armée française, qui était encore de plus de 100.000 hommes au sortir de Moscou, n'est plus à peine que de 50.000 hommes. Sa détresse est indicible ; elle n'a plus de convois, plus de bagages, à peu près plus de matériel. L'exode reprend, continu. Elle est obligée à des combats de plus en plus sérieux. Elle se heurte au fleuve : la Bérézina lui barre la route. C'est là que les Russes, qui l'ont gagnée de vitesse, sur l'une et l'autre rive, la rejoignent, qui projettent de la définitivement anéantir.

Une heure suprême va sonner. Le 23 novembre, l'Empereur donne l'ordre d'apporter les aigles, qui menacent de tomber, trophées sacrés, aux mains de l'ennemi. Sur la steppe, à l'infini recouverte de neige, coiffé d'un bonnet de fourrure, en avant de ses généraux, il assiste, imperturbable, à l'auto-dafé qu'il a ordonné. Un foyer est allumé fait de quelques troncs d'arbres. Les héros chevronnés s'approchent, apportant les étendards qu'ils ont promenés à travers toutes les capitales. Frissonnant de douleur et de colère, pleurant comme des enfants, ils les livrent aux flammes qui les dévorent. Et quatorze ans de gloire s'en vont en fumée ! Les lettres d'or des victoires qui se détachent, paillettent les tourbillons empourprés de noms immortels : Austerlitz, Iéna, Wagram. Tant d'héroïsme, tant de sacrifices, tant de maux vaillamment endurés, tant de grandeur et d'illustration, pour aboutir à ce tas de cendres, sur un sol ennemi, qui, le ciel complice, tisse, avec la neige qui tombe, qui tombe toujours, le suaire de la Grande Armée.

> Le ciel faisait sans bruit, avec la neige épaisse,
> Pour cette immense armée, un immense linceul.

L'Empereur, pourtant, ne désespère pas : que ce qui lui reste d'hommes échappe aux Russes, et il estimera que sa retraite n'a été qu'un mouvement stratégique victorieusement accompli.

Mais il lui reste à franchir, entre deux batailles, la Bérézina. Le froid, qui serait à cette heure propice à ses desseins, a diminué ; la rivière n'est pas prise qui, gelée, pourrait porter sur la glace toute l'armée en retraite, alourdie par son tumultueux contingent de fuyards. L'Empereur donne l'ordre de construire deux ponts, et prend ses dispositions avec un admirable sang-froid. Il trouve pour le seconder des pontonniers que leur tâche voue à la mort, et qui l'acceptent avec un stoïcisme surhumain. Les ponts sont construits, mais la cohue est formidable. Et combien étranglé ce passage branlant, sans garde-fou, où se ruent, derrière les cohortes désespérées, un étrange amalgame d'êtres que l'égoïsme aiguillonne, et qui ne voient de salut qu'au bout de ces quelques planches posées en hâte au-dessus des flots glacés... La Bérézina est franchie

A 11 heures du soir, le 18 décembre, par un temps de neige, qui semblait continuer la retraite de Russie, une chaise de poste s'arrêtait à la grille des Tuileries. Au fond, se tenait, coiffé d'une toque et revêtu d'une pelisse, Napoléon. Il arrivait de l'armée qu'il avait quittée subrepticement. Le 29e Bulletin, qui faisait allusion aux désastres, plus qu'il ne les avouait, était connu à Paris depuis quarante-huit heures. Le pays était consterné : les vainqueurs de l'Europe vaincus ! Napoléon était pressé de constater, de ses propres yeux, l'état de la nation à l'annonce de ces terrifiantes nouvelles. C'est qu'il avait appris à Smolensk un événement qui lui avait causé une impression profonde. Grâce au bruit qui courait à Paris de la mort de l'Empereur, le général Malet avait failli réussir à s'emparer du gouvernement. Ce complot avait été déjoué à temps, et les conspirateurs aussitôt arrêtés ; mais l'Empereur n'en éprouvait pas moins une lancinante angoisse. Le respect affecté des hommages officiels, accompagnés des protestations du dévouement le plus aveugle, l'avait rassuré. Il était persuadé qu'il pouvait encore obtenir des sacrifices d'une nation fière, qui ne supportait point l'humiliation des défaites. Il lui demanda des hommes : elle lui en donna trois cent mille. Et parmi eux, combien de conscrits qui n'étaient presque que des enfants.

Napoléon déploya, en cette courte période, une prodigieuse ardeur. La fécondité des ressources de son esprit, la diversité de ses travaux sont encore un sujet d'étonnement pour l'histoire. Il avait calmé des consciences par la signature d'un nouveau Concordat avec le pape, libre et honoré à Fontainebleau ; il avait rendu le peuple orgueilleux de la richesse intérieure de l'Empire par le tableau de situation présenté aux députés des départements assemblés ; il avait rassuré les amis du gouvernement par l'établissement de la Régence ; en révélant la conduite de la Prusse, il n'étonna personne, mais il obtint de l'opinion publique l'intérêt que commande une illustre victime de la trahison ; des nominations nouvelles, des règlements mieux entendus avaient donné plus d'activité aux ressorts de l'administration générale : des promotions et des récompenses avaient honoré les dévouements et relevé les courages ; enfin, soit dans le gouvernement intérieur, soit pour les événements du dehors, Napoléon, pendant son séjour de quatre mois à Paris, s'était occupé de tout, avait tout préparé, et semblait avoir assuré, prévu tout ce que pouvait commander le retour de la victoire sous ses drapeaux.

Le pays, qui préparait ce nouvel effort militaire, était devenu une place d'armes. Cent cinquante cadres de bataillons composés d'officiers rappelés d'Espagne ; quatre-vingt cohortes de la garde nationale, entrées dans l'armée active ; quarante mille artilleurs de la marine incorporés dans les troupes de terre formaient cette armée. Napoléon aurait à combattre, avec elle, aux quatre points cardinaux : l'Espagne et le Portugal au sud ; l'Angleterre à l'ouest, appuyée sur l'Océan ; la Suède au nord, la Prusse et la Russie. Et, à l'est, l'Autriche, patrie de Marie-Louise, mais comme le disait l'ambassadeur autrichien : La politique avait fait le mariage, elle pouvait aussi le défaire. Grâce à une situation financière prospère et inentamée, Napoléon avait pu largement équiper ses régiments ; mais il n'avait pu — et c'était son point faible — monter suffisamment sa cavalerie.

Le 15 avril 1813, il quitte Paris. Une nouvelle campagne de Saxe va commencer. Le plan de l'Empereur est de rejeter Russes et Prussiens vers la Bohême, de les séparer de leurs réserves de l'Elbe en les refoulant ensuite vers la Silésie. La campagne débute par une victoire : Lutzen.

Les masses d'infanterie donnent, flanquées d'une importante artillerie. Quatre-vingt mille fantassins battent cent mille Russes ou Prussiens, que le roi de Prusse et l'Empereur de Russie, en personne, commandent. Les vieilles bandes allemandes n'ont pas raison du mordant de ces petits conscrits français, qui, pour leur coup d'essai, se montrent dignes des vétérans. Napoléon, par sa présence, les anime, les stimule, se fait, en pleine action, leur éducateur. Il parcourt les rangs, les soutient parfois de son cheval en travers ; il leur crie : Ce n'est rien, mes enfants, tirez ferme. La Patrie vous regarde ; sachez mourir pour elle !

A ces paroles, ils ne sont pas restés sourds. Dans le bulletin de la journée, ils figurent à la place d'honneur :

S. M. ne saurait trop faire l'éloge de la bonne volonté, du courage, de l'intrépidité de l'armée. Nos jeunes soldats ne considéraient pas le danger ; ils ont montré dans cette grande circonstance, toute la noblesse du sang français.

Les ambulances et le champ de bataille offraient le spectacle le plus touchant. Les jeunes soldats, à la vue de l'Empereur, faisaient trêve à leur douleur, en criant : Vive l'Empereur ! — *Il y a vingt ans*, a dit l'Empereur, *que je commande des armées françaises : je n'ai pas encore vu autant de bravoure et de dévouement.*

Cette bataille de Lutzen, faute de cavaliers pour poursuivre assez loin l'ennemi, qui se retire, et l'achever, a néanmoins un résultat moral. Elle rend aux soldats français le sentiment de leur supériorité et trouble les espérances qui régnaient chez les alliés depuis les derniers désastres.

Son retentissement est énorme. Elle rétablit la réputation militaire de la France. Ainsi, cette Grande Armée, que l'Europe croyait couchée dans les neiges de la Russie, était toujours debout, invincible ! De nouvelles légions l'avaient ressuscitée, avec ces enfants qui combattaient comme des vieux grognards. Elle réapparaissait nombreuse et redoutable. Et à sa tête, Napoléon ressaisissait la victoire.

De cette brillante entrée en campagne on augure les plus beaux fruits.

Une seconde victoire y contribue. L'empereur de Russie et le roi de Prusse ont résolu de faire prendre à leur armée la position de Bautzen ; ils veulent y placer le centre des opérations de grande envergure qu'ils méditent. Les lauriers de Frédéric ont poussé autrefois dans ces lieux, que les campagnes classiques d'alors ont rendus célèbres. Mais, s'il en pousse encore, c'est Napoléon qui, d'abord, les cueillera. Assis sur un tambour, au matin de la bataille, il a, devant lui, le vaste panorama historique où sont retranchés les ennemis, qui s'y croient inexpugnables. Mais tout cède, une fois de plus, aux dispositions qu'il a prises en quittant son poste d'observateur. Il se déclare sûr de la victoire et ne se trompe pas : elle est à lui. En deux jours, les alliés ont perdu vingt mille hommes et se retirent, poursuivis à travers la Silésie. Déjà un corps français est aux portes de Berlin. Les armées russes et prussiennes n'ont plus d'autre parti que de repasser la Vistule. L'Autriche intervient alors pour conseiller à la France d'accepter une suspension d'armes ; proposition qui est agréée et qui cache un piège. Cette trêve inopportune brise l'élan des vainqueurs, donne du temps aux vaincus, et l'Autriche, en vue du Congrès qui succèdera à l'armistice, suggère de telles conditions, qu'il est manifeste qu'elle a partie liée avec la Russie.

Le sentiment national imprudemment réveillé est devenu, chez tous les peuples d'Europe, exalté et farouche ; il dépasse en volonté ardente celle de leurs propres souverains. Dans cette atmosphère de rancune et de haine comment trouver les bases d'une paix raisonnable ? Les pourparlers à peine entamés sont rompus, et l'Autriche jette le masque : elle est ouvertement de la coalition.

On va à une troisième bataille : Napoléon fait face à trois armées qui représentent 500.000 hommes ; il ne dispose que de 280.000 combattants. Cette infériorité ne l'assombrit pas. Fidèle à sa tactique, qui est de vaincre ses ennemis les uns après les autres, par des attaques foudroyantes, il court à Blücher, lorsqu'il apprend que Dresde, où il a établi son quartier général, est assailli. Il reparaît avec sa précipitation coutumière, et réadapte son plan aux circonstances. Dans une première journée, il a raison de ses trois adversaires, et le lendemain achève la victoire de la veille. Les coalisés battent en retraite, ils perdent vingt-cinq mille hommes. C'est le 27 août. Au soir, il rentre dans Dresde, par un temps affreux, rayonnant de joie, couvert de boue, les bords de son chapeau qui font gouttière rabattus sur ses épaules par la pluie, et entouré de tant de généraux ennemis prisonniers qu'on les aurait pu prendre, à leurs uniformes près, pour son état-major en déplacement à sa suite. Les placides Saxons, sur les marches du palais, regardent passer, avec une curiosité sympathique, cet extraordinaire cortège. Napoléon, de ce pas crotté, va chez le vieux roi de Saxe, — un des rares souverains dont la fidélité résiste à toutes les épreuves et à toutes les tentations. C'est dans cette entrevue que Napoléon apprend qu'un boulet à châtié Moreau, son rival de jadis qui, par jalousie, entré dans le camp des alliés, dirigeait leurs armes contre la France.

Napoléon s'imagine, en cet instant, avoir retrouvé sa chance ; mais c'est la dernière faveur de la fortune. La victoire de Dresde, n'aura pour lendemains que des déroutes. Est-ce lassitude chez ses lieutenants, qu'ils sont presque toujours battus quand il n'est pas là, ou, sous la discipline trop étroite de sa volonté, a-t-il paralysé leur esprit d'initiative ? Le maître toujours si près de ses troupes, semble s'être, avec le temps, éloigné de leurs chefs. Cependant, combien, à cette heure où brille une lueur d'espérance en l'avenir, serait souhaitable l'union de toutes ces vertus militaires, consacrées par de si retentissantes victoires, autour de celui contre lequel la fatalité, maintenant, s'acharne, et qui lui montre, joueur superbe, un front d'airain.

Sous le coup de leurs défaites précipitées, les vaincus de Lutzen, de Bautzen et de Dresde, s'interrogeaient : n'allaient-ils point dissoudre leur ligue et transiger ? Ils réfléchissent, se reprennent, renouent les liens qui les unissent, pour un assaut qui tirera sa force de son unité de front, et qui sera le plus formidable de tous ceux que Napoléon aura encore subis.

Alors s'engage cette bataille géante qu'on a nommée la bataille des Nat ions, et qui fut, dans un ciel d'implacable orage, comme la lutte des aigles et des vautours. Elle dura trois jours, les 16, 17 et 18 octobre 1813.

Oublieux des anciennes dissensions, Russes, Prussiens, Saxons, Bavarois, Autrichiens, Hongrois, Suédois, se précipitent contre le colosse, impatients de le jeter à terre, et persuadés qu'ils y parviendront. Ils sont en nombre trois fois supérieur, et cependant, trois jours entiers, Napoléon leur résiste. Le troisième jour, les douze mille Saxons qui combattaient avec lui, en pleine action, passent dans les rangs russes contre lesquels l'instant d'avant ils se battaient. Ce trou creusé par la félonie, la Vieille Garde le comble. Et l'armée française couche encore, cette nuit-là, sur des positions qui n'ont été, sur aucun point, entamées. Mais elle a brûlé ses dernières munitions et la lutte continue : c'est la retraite fatale.

Pour ces milliers d'hommes poursuivis, qui se retirent, il n'y a qu'un pont sur l'Elster. L'armée y passe en cohue, masse indisciplinée d'où partent des cris de désespoir et de fureur. L'Empereur, au milieu d'elle, ne la conduit plus : il la suit. Il est dans le flot. Elle l'entoure en désordre, elle l'emporte, elle l'entraîne. Son regard impérieux erre, voilé, sur cette Grande Armée dont le chemin de gloire est rétréci à la mesure de ce pont sinistre.

Et, à cette heure, le destin lui est si contraire qu'un incident imprévu achève de transformer la déroute en catastrophe. Le pont est miné, il doit sauter après le passage de l'arrière-garde. Un des pontonniers chargés de mettre le feu aux poudres, croit que toute l'armée a passé, quand une partie considérable est encore derrière, qui n'a pas franchi le fleuve, il allume prématurément la mèche. Le pont saute, qui était, pour vingt mille malheureux soldats, l'unique espoir d'échapper à la captivité ou à la mort.

Ce qui reste de l'armée recule jusqu'au Rhin, où se dresse, à nouveau, le spectre de l'invasion...

L'Empereur court à Paris : *Il y a un an, dit-il, au Corps Législatif, l'Europe était avec nous, l'Europe marche aujourd'hui contre nous.* Ce qui signifie : France, saigne-toi encore, il te faut ou périr ou marcher contre elle.

Le 23 janvier 1814, l'Empereur réunit aux Tuileries les officiers de la garde nationale parisienne. Il paraît au milieu d'eux avec son fils et Marie-Louise. *Ce que j'ai de plus cher au monde après la France, leur dit-il, je le remets entre vos mains.*

Dans la nuit, il brûle ses papiers les plus secrets. Puis, il fait venir l'Impératrice et le Roi de Rome. Il les embrasse : c'est la dernière fois, il ne les reverra jamais.

A six heures du matin, il est en route. Il va au-devant d'un million d'adversaires. Quelle digue opposera-t-il à ce torrent ? Napoléon, qui a demandé à la France ce qui lui restait d'hommes en état de porter les armes, n'a pas 100.000 combattants à opposer aux envahisseurs. Mais le soldat se retrouve en lui avec tout son génie. Forcé, traqué, assailli de toutes parts, il fait tête à ses agresseurs. Cette campagne de France est une merveille d'improvisation stratégique. Le 25, il est à Châlons ; il remonte la Marne, bat les Russes à Saint-Dizier ; à la pointe du jour, le surlendemain, il est à Brienne, où, au débouché d'un bois, sans le général Gourgaud, il eut été tué par un cosaque. Il couche chez un curé, l'abbé Henriot, ancien Minime et l'un de ses professeurs à l'École de Brienne, qu'il fait monter à côté de lui à cheval ; le curé y fait si bonne figure qu'il rentre en son presbytère décoré de la main de Napoléon. Trois autres combats au milieu desquels, preste et sûr, il manœuvre avec toute sa science, sont des victoires : Champaubert, Montmirail, Château-Thierry. Il va sur Troyes. Les alliés lui tendent des pièges, l'attirent, et, à son approche, rompent. Ils croient le tenir à Craonne : c'est lui qui les tient. Mais Laon, qu'ils occupent, est un imprenable ; il y est battu. Pas assez, pour ne pas redescendre sur Reims, qu'il délivre. La terreur emporte l'empereur d'Autriche jusqu'à Dijon, et le tzar se montre soucieux au point de voir ses cheveux blanchir. Les alliés se reprennent, se concertent, groupent leurs forces, et, convaincus que leurs efforts répétés l'ont brisé, ils se jettent sur Paris. La fatigue et les intrigues ont usé peu à peu tous les ressorts de la résistance, ou les ont faussés. La capitale, abandonnée par ses propres défenseurs, et où une sourde réaction conspire contre le régime impérial et pour la victoire des alliés, le 31 mars, leur ouvre ses portes.

Le 7 avril, à Fontainebleau, Napoléon trace d'une plume irritée, qui crache l'encre, les mots presque illisibles de son acte d'abdication. Quelques jours plus tard, on lui présente un traité qui lui assigne un lieu d'exil. Il se révolte, il appelle la mort, — il la provoque, — il l'attend, elle ne vient pas. Etonné de vivre, il signe, et, dans l'abandon de tous, s'abandonne lui-même. Le 20 avril, il se résigne au départ.

A sa garde assemblée dans la cour du château, il fait ses adieux. Il apparait en haut de l'escalier ; il se découvre, et salue. L'émotion qui fait trembler sa voix, gagne tous les cœurs : *Généraux, soldats de ma Vieille Garde, je vous fais mes adieux ; depuis vingt ans, je suis content de vous. Je vous ai toujours trouvés* sur le chemin de la gloire. Ne plaignez pas mon sort. Je serai toujours heureux lorsque je saurai que vous l'êtes.

Les vieux grognards pleurent. Il s'est approché d'eux ; il passe dans leurs rangs, ses yeux qui les fascinent encore dans leurs yeux. Ah ! s ils pouvaient le suivre, serait-ce aux pires lieux d'où ils reviennent ! Il est arrivé près du drapeau : Je ne puis vous embrasser tous, mais j'embrasserai votre général. Venez, général ! Il serre le général Petit dans ses bras. Qu'on m'apporte l'aigle. Un drapeau s'incline jusqu'à lui, qui le baise : Chère aigle, que ces baisers retentissent dans le cœur de tous les braves. Adieu, mes enfants. Mes vœux vous accompagneront toujours. Conservez mon souvenir...

Un vieux de la vieille, chevronné, la barbiche blanche, le regard enflammé, figé au port d'armes et comme pétrifié de son audace, laisse échapper le cri d'amour qui l'étouffait : Reste !

L'Empereur l'entend, qui l'entendra jusqu'en cet exil que les ennemis lui ont assigné, dans sa dérisoire royauté de l'île d'Elbe, où son esprit ni ses regards ne peuvent se détacher des côtes de la Patrie. Déchu et non résigné, il aspire au retour. La France, déchirée, ne se résigne pas davantage. Les fruits de la paix lui paraissent amers dans la stabilité du vieil ordre renaissant. Quelque chose lui manque : le vin de la gloire dont elle s'est enivrée trop longtemps, pour en avoir sagement et à jamais déjà perdu le goût.

Il n'était parti que pour revenir ; il est revenu. Et son retour n'est pas la page la moins extraordinaire de cette extraordinaire épopée. Il débarque au Golfe Juan, à la tête de quelques hommes de sa garde, il s'ouvre un chemin sur Paris. Les populations étonnées regardent et s'émerveillent. Où il s'arrête, on fait cercle. Il a plus l'air d'un monarque en visite chez ses sujets qu'un prince renversé qui marche à l'assaut de son trône. L'admiration populaire lui fait la route. Et nul obstacle ne la lui barre jusqu'à Grenoble, où un chef de bataillon, à la tête de ses hommes, refuse de parlementer. Napoléon n'hésite pas. Il s'avance seul vers les soldats, qui l'ont reconnu à sa redingote grise et à son chapeau. Il va tout droit à un vétéran qu'il saisit par sa moustache : Voudrais-tu tuer ton Empereur ? Le vétéran lui montre que son fusil n'est pas chargé : Tiens, regarde : tous les autres sont de même. Et le fixant, l'Empereur se rappelle le grognard des adieux qui lui disait à Fontainebleau : Reste !

L'aigle vole de clocher en clocher. Le 20 mars 1815, Napoléon est à Paris. Il est escorté des troupes mêmes qu'on avait commandées pour lui en interdire l'accès. Il arrive aux Tuileries à neuf heures du soir. Il est arraché de sa voiture, soulevé, entraîné jusque dans le vestibule. Il se laisse porter, les bras en avant, les yeux fermés, un sourire fixe aux lèvres. Et dans ces Tuileries, dont la cour a l'aspect d'un bivouac dans une ville prise d'assaut, il s'endort en le lit que Louis XVIII, à l'annonce du retour de l'aigle, a quitté avec la majesté d'une digne précipitation.

Il semblait le lendemain qu'il ne s'était rien passé, les mêmes hommes, à quelques ministres près, accomplissaient les mêmes fonctions ; il n'y avait de changé que le serment de fidélité, et c'était chose qui engageait si peu. L'Empereur avait fait cependant un retour sur lui-même. Visiblement il revenait vers le peuple, sentant que sa force était là : Je ne suis pas seulement, disait-il, l'Empereur des soldats, je suis aussi celui des paysans, des plébéiens de France. Il déclarait encore : Le trône est fait pour la nation, et non la nation pour le trône. La leçon des revers lui avait profité : J'ai voulu l'empire du monde, le pouvoir sans borne m'était nécessaire. Pour gouverner la France seule, il se peut qu'une constitution vaille mieux : des discussions indépendantes, des membres responsables, la liberté, je veux tout cela. On ne le reconnaissait plus, mais on le comprenait, car il ajoutait : Je vieillis.

Pour gouverner la France seule, c'était l'aveu de sa faute impériale : il avait voulu gouverner l'Europe, et maintenant, mis au ban de l'Europe, qu'effrayait son retour, il mettait à nouveau la Patrie en danger d'invasion. Pour la sauver, il lui faudrait 800.000 hommes et six mois de répit. Et le duel va s'engager sans délai, et c'est à peine sur le quart de ce chiffre d'hommes qu'il pourra compter.

Le 12 juin, il est déjà contraint de courir à la frontière. Il laisse derrière lui un gouvernement instable, et des fidélités douteuses. Et les alliés, par trahison, savent le plan qu'il a conçu.

Il n'a plus d'ailleurs sa flamme des belles années, il doute. On conte que le matin, où la suprême lutte s'engagea sur les bords de la Sambre, il s'approcha d'un feu de bivouac ; il n'était accompagné que du général Carbonneau, qui a rapporté le fait. Il se fit donner une pomme de terre qu'un soldat retirait des cendres ; il l'éplucha, en prononçant en aparté des mots qui frappèrent le général : Après tout, on vit de peu. L'instant n'est peut être pas éloigné où comme Thémistocle. Il n'acheva point. Plus tard, son compagnon trouva un sens à ce nom si singulièrement venu aux lèvres de l'Empereur, alors que sa pensée errait, à la veille du duel suprême, qui devait s'achever par la prière d'un vaincu offrant d'aller, comme Thémistocle, s'asseoir au foyer du vainqueur.

Pourtant la chance était belle encore qui restait à courir, et de combien peu s'en faudrait-il que Waterloo ne fût pas une défaite ! Le général Bonnal a résumé cette bataille en trois grandes phases : La première phase, qui va de midi à trois heures, comprend la grande attaque du corps d'Erlon, disposé en quatre blocs divisionnaires rappelant la phalange macédonienne, les contre-attaques anglaises d'infanterie et de cavalerie, enfin les charges d'une partie de la cavalerie française. A cette phase se rattache l'apparition du corps prussien de Bülow sur les hauteurs de Chapelle-Saint-Lambert.

Dans la seconde phase, comprise entre trois et sept heures du soir, ont lieu quatre charges successives de la cavalerie française, la dernière formidable, suivies d'une attaque générale des corps de Reille et d'Erlon.

Si l'infanterie de la garde eût alors appuyé l'attaque précédente, les troupes de Wellington, à bout de forces, auraient été probablement mises en déroute, mais, au même moment, le corps de Lobau, envoyé à Plancenoit en flanc-garde, luttait contre le corps prussien de Bülow.

Enfin, la troisième phase, de sept à neuf heures du soir, embrasse les opérations qui ont marqué la fin de la lutte, savoir : l'attaque infructueuse menée par la moyenne garde, le retour offensif des Anglais, les progrès de l'armée prussienne, la retraite des Français dégénérant en déroute, et les derniers carrés de la Vieille Garde impériale.

Des troupes en ordre, il ne reste dans le vallon que les trois bataillons de la Vieille Garde. Napoléon leur ordonne de couvrir la retraite. Il les établit en carrés. C'est le 2me bataillon du Ier Chasseurs a cheval, commandé par Cambronne ; le 2me du 2me Chasseurs, et les deux bataillons du 1er et du 2me Grenadiers, commandés par le général Petit. Le crépuscule enveloppe de ses ombres grandissantes cette scène ultime de l'épopée. L'Empereur est à cheval, dans le premier carré, impassible, derrière cette muraille vivante. Les charges des Anglais s'y brisent ; les Prussiens leur viennent a l'aide. Les grenadiers sont alors débordés, submergés. Trois bataillons contre deux armées ! Quand un mort tombe, les rangs se resserrent. Point de brèche qu'une nouvelle unité ne comble. L'Empereur comprend, il veut mourir au milieu de ses soldats : Oh, Sire, lui dit Soult, les ennemis sont déjà assez heureux. Il se laisse, enfin, entraîner loin de cette redoute humaine, qui tient encore indéformée, tout en reculant. Rendez-vous ! crient les Anglais à ces braves. Et eux, par la voix de Cambronne, leur répondent dans une phrase immortelle, — ou dans un mot, — que la garde meurt et ne se rend pas.

Il est trop tard. L'héroïsme ne peut plus rien, ni le génie. L'aigle impériale est tom bée dans la morne plaine, blessée mortellement.

Wellington, le vainqueur, après un court moment de repos nocturne, prend la plume pour exposer au Régent les péripéties de la lutte suprême : Les attaques des Français furent sans cesse répétées jusqu'à sept heures du soir ; à ce moment, ils firent un effort désespéré avec leur cavalerie et leur infanterie, soutenus par leur artillerie, pour forcer la gauche de notre centre, près la ferme de La Haye-Sainte. Après un combat obstiné, ils furent défaits...

Il avait confié à Blücher la mission de continuer la poursuite ; le général prussien le fit avec une ardeur folle et sanglante qui témoignait de sa haine à venger les désastres de Valmy, d'Iéna et de Fleurus. A la pointe du jour, les débris de l'armée débouchaient dans une extrême confusion sur Charleroi et sur Marchiennes, où ils se hâtaient de repasser cette Sambre qu'on avait saluée et traversée avec tant d'orgueil et d'entrain, peu de jours auparavant. Ces soldats, si brillants l'avant-veille, revenaient dans le plus grand délabrement, harassés de fatigue, minés par le besoin, honteux devant les paysans qui les regardaient défiler, hébétés et sans parole.

Lorsque l'Empereur rentra à Paris, ce fut pour s'entendre presser de déposer son sceptre, qui, maintenant, lui était aussi lourd qu'à la France elle-même. Il abdiquait pour la seconde fois. On lui signifiait à La Malmaison, où il s'était réfugié, que le moment du départ était venu. Il dépouillait son uniforme, quittait son épée, revêtait des habits civils, et, jetant un dernier regard sur ce logis qui avait été le sien au temps de sa jeunesse victorieuse, il passait dans le jardin où l'été donnait ses premières roses, gagnait la porte ; une voiture y stationnait dans laquelle il se jetait d'un brusque élan.

Où allait-il ?

Lorsqu'il n'était encore que le lieutenant Bonaparte, à Auxonne, en 1788, alors qu'il étudiait la géographie, il notait dans un cahier, parmi les noms à retenir, ceux des possessions anglaises Lorsqu'il eut écrit ce dernier nom Sainte-Hélène, petite île, il posa, la plume, et la page resta blanche. Pourquoi ce nom l'avait-il arrêté, et pourquoi s'était-il arrêté sur ce nom ? Mystère insondable de la destinée. Sur la page restée blanche pendant vingt-sept ans, l'histoire devait écrire le plus merveilleux des épilogues.

A Sainte-Hélène, petite île, piédestal de granit dressé entre deux immensités, les cieux et l'océan, se détacherait sur la suite des siècles, grandie, auréolée par un auguste martyre, une ombre immortelle.

Réduit à quelques serviteurs, disposant d'un budget qu'on lui liarde, condamné à vivre sous l'œil des garnisaires rouges, ses pas comptés, en lutte à des vexations sans nombre, pendant près de six ans, il endure cette odieuse captivité avec une force d'âme qui ne se dément jamais ; patient, doux et calme avec les enfants, gracieux et prévenant avec les femmes, simple avec les petites gens, distant et hautain avec ses geôliers. Il ne se donne pas l'illusion de la grandeur par de vaines apparences ; il reste grand.

Mais il maintient l'étiquette. Elle est aussi sévère à Longwood qu'elle était en France. On ne le suit à la promenade que la tête découverte ; on ne lui parle qu'interpellé. Il ne souffre point de ces relâchements que pourrait autoriser une intimité constante dans un espace si mesuré. A l'indigne médiocrité de son habitation, par cet apparat, il donne un air de palais. La vaisselle est à son chiffre ; la domesticité porte la livrée impériale et accomplit ses fonctions avec le même cérémonial qu'aux Tuileries. Cette attitude lui est surtout commandée par Hudson Lowe qui affecte de le nommer le général. Il lui rappellera, sans un seul jour de défaillance, par le moindre de ses gestes, qu'il est l'Empereur.

Souvent, après le repas, il réunit les membres de son entourage. Il lit, il commente les auteurs, ou il évoque le passé — le sien — et il fait la critique de ses propres actes. Et tel est son détachement, telle la sérénité de ses propos, que sa voix semble déjà d'outre-tombe : J'aurais dû mourir à Moscou... mes institutions, ma dynastie se seraient maintenues... mon fils règnerait...

Son fils ! Il revient constamment à sa pensée, mais c'est de l'enfant, c'est du petit Roi de Rome qu'il parle et des espoirs si vastes qu'il avait mis sur cette tête blonde. Il ne nomme jamais le prisonnier de l'Autriche, il ne nomme jamais le duc de Reichstadt.

Du mal implacable qui le ronge, il endure la souffrance avec une stoïque pudeur. Cependant, le moment arrive où il ne pourra plus en dissimuler la gravité.

A l'aube de l'année 1821, il pressent sa fin. Fidèle à ses habitudes, alors que sur le seuil de l'éternité, il va livrer la suprême bataille, il veut être prêt. Brûlé de fièvre, il écrit de sa main son testament, résultat d'une méditation profonde, l'œuvre la plus grave qu'il ait accomplie depuis sa captivité. Le 5 mai, les familiers, anxieux, angoissés, sont groupés autour de son modeste lit de camp ; la sueur d'agonie perle sur son masque, dont le profil césarien, à mesure que s'approche la mort, s'efface et redevient celui du Premier Consul. A 5 heures 49 minutes le coup de canon de la retraite éclate : l'Empereur est mort. Juste comme le soleil se couchait, note Hudson Lowe.

Il avait écrit : Je désire que mes cendres reposent sur les bords de la Seine, au milieu du peuple français que j'ai tant aimé. Louis-Philippe, répondant à la volonté de la nation, exauce ce vœu. Il ne faut pas à Napoléon, dit un ministre aux Chambres, la sépulture ordinaire des rois. Il faut qu'il règne et commande encore dans l'enceinte où vont se reposer les soldats de la Patrie, et où vont s'inspirer ceux qui sont aptes à la défendre.

Le mardi, 15 décembre 1840, le cercueil amené de Sainte-Hélène, entrait aux Invalides : Sire, disait le prince de Joinville au roi, je vous présente le corps de l'Empereur Napoléon. Le roi faisait un pas au-devant de son fils et répondait : Je le reçois au nom de la France.

Il y repose aujourd'hui dans un sarcophage aux lignes simples, majestueuses et sévères, veillé par douze Victoires de marbre. Elles ne sont pas ses seules gardiennes. Invisibles, mais devinés, sentinelles mystérieuses, les vétérans de la Grande Armée, l'arme au bras, montent autour du cercueil une garde éternelle.

Au jour centenaire de la mort de Napoléon, la France se souvint et se recueillit. Elle rendit à cette illustre mémoire l'hommage que la reconnaissance nationale lui devait. La cérémonie la plus impressionnante se déroula aux Invalides. On vit descendre dans la crypte, s'approcher du tombeau et y toucher l'épée d'Austerlitz, le plus digne de la ceindre : le maréchal Foch. Le grand soldat qui, à la tête des alliés, avait conduit nos armées à la victoire, parla. Il prononça ces paroles, qui devraient être gravées sur les portes de bronze du tombeau, comme elles le seront dans notre souvenir :

Sire ! Dormez en Paix. De la tombe même vous travaillez toujours pour la France. A tout danger de la Patrie, nos drapeaux frémissent du passage de l'Aigle. Si nos légions sont rentrées victorieuses par l'Arc triomphal que vous aviez bâti, c'est parce que cette épée d'Austerlitz en avait tracé la direction en montrant comment réunir et mener les forces qui font la victoire. Vos magistrales leçons, votre opiniâtre labeur restent des exemples imprescriptibles. A les étudier, à les méditer, l'art de la guerre se forme chaque jour plus grand. C'est seulement aux rayons pieusement et soigneusement recueillis de votre gloire immortelle que les générations parviendront à saisir, longtemps encore, la science des combats et la manœuvre des armées, pour la cause sacrée de la Défense du Pays.